BEI GRIN MACHT SICH IHR WISSEN BEZAHLT

Harald Mohr

Angewandte Politikfeldanalyse. Lernzusammenfassung

GRIN Verlag

Bibliografische Information der Deutschen Nationalbibliothek:

Die Deutsche Bibliothek verzeichnet diese Publikation in der Deutschen National-
bibliografie; detaillierte bibliografische Daten sind im Internet über http://dnb.d-
nb.de/ abrufbar.

Impressum:

Copyright © 2014 GRIN Verlag GmbH
Druck und Bindung: Books on Demand GmbH, Norderstedt Germany
ISBN: 978-3-656-72838-2

Dieses Buch bei GRIN:

http://www.grin.com/de/e-book/278944/angewandte-politikfeldanalyse-lernzusam-
menfassung

GRIN - Your knowledge has value

Der GRIN Verlag publiziert seit 1998 wissenschaftliche Arbeiten von Studenten, Hochschullehrern und anderen Akademikern als eBook und gedrucktes Buch. Die Verlagswebsite www.grin.com ist die ideale Plattform zur Veröffentlichung von Hausarbeiten, Abschlussarbeiten, wissenschaftlichen Aufsätzen, Dissertationen und Fachbüchern.

Besuchen Sie uns im Internet:

http://www.grin.com/

http://www.facebook.com/grincom

http://www.twitter.com/grin_com

Politikwissenschaft im klassischen Sinne wurde als Institutionenlehre verstanden. Als Protagonisten einer so gearteten Politikwissenschaft seien hier MACHIAVELLI oder Montesquieu beispielhaft genannt. Im Mittelpunkt stand Verfassung, Regierung und Gesetzgebung. Diese Bereiche wurden nicht nur beschrieben, sondern auch vor allen Dingen normativ gesehen, d.h. die Protagonisten einer so verstandenen Politikwissenschaft formulierten Aussagen, indem sie bestimmte Aspekte dieser Bereiche für gut oder auch für schlecht befanden.

Die black box Politik kann man unterteilen in Institutionen, d.h. auch Akteure, die polity bilden, in policy, die immer die Ziele und Inhalte der Politik darstellen und politics, die die Prozesse darstellen. Interessant ist nun die Frage, wo man die Politikfeldanalyse in diesen Analysekriterien polity, politics und policy wiederfindet. Wie schon erwähnt beschäftigte sich die klassische Politikwissenschaft, an deren Anfang die politische Theorie stand, mit der Institutionenlehre. Im 18. Jahrhundert und im ausgehenden 19. Jahrhundert hat sich eine Staats- und Policeywissenschaft entwickelt. Policeywissenschaft ist im heutigen Sinne als Verwaltungswissenschaft zu bezeichnen. Ursprünglicher Gegenstand der „Erfinder" der Politikfeldanalyse war eine Prozessanalyse, d.h. in der Regel werden die Institutionen erst mal als gegeben angesehen, die Ziele der Politik werden als aufgegeben oder formuliert angesehen, es kommt also darauf an, wie man diese Ziele erreicht. Politikfeldanalyse hat sich in der Nachkriegszeit als Beratungswissenschaft entwickelt (siehe think tanks der USA). Hauptinteresse einer solchermaßen ausgerichteten Politikfeldanalyse ist die Frage, wie ein bestimmtes politisches Vorhaben realisiert wird. Besonders die 70er Jahre der Bundesrepublik können als Hochphase der politischen Planung charakterisiert werden. Es ging dabei um die Frage, wie man – überspitzt gesagt - Politik in Verwaltung auflöst, dabei stand auch nicht die Rechtfertigung von Politik im Mittelpunkt des Erkenntnisinteresses sondern eher die Frage nach der Politikformulierung, genauso wie bei der Beratungswissenschaft, der Politikberatung. Politikziele werden formuliert und von den relevanten Institutionen bzw. Akteuren nach amerikanischem Vorbild beispielsweise an die Verwaltung weitergegeben. Danach wird das Ergebnis der Politik, also der sogenannte policy-output näher unter die Lupe genommen. Entspricht das Ergebnis nicht den gewünschten Erwartungen der politischen Akteure, so muss eventuell nachgeregelt werden und ein neuer Politikzyklus in Gang gesetzt werden. Politik beschränkte sich bei diesem Vorgehen auf reine Planungstätigkeit, die davon ausging, dass man wüsste, wie die Prozesse

1

ablaufen. Man glaubte, es würde genügen, nur Ziele zu definieren und dann möglichst effizient umzusetzen, und die Umsetzung wäre dann Gegenstand von Planungswissenschaft. In den 70er Jahren wurde so versucht, Politik zu betreiben. Das Scheitern sollte nicht lange auf sich warten lassen. Man hat versucht, wie z.B. bei Konzertierten Aktion alle Interessen zusammenzubringen, weil die damaligen Politiker der Ansicht waren, ein optimales Politikergebnis könnte entstehen, wenn man alle Interessen und Machtgewichte richtig bzw. angemessen berücksichtigt. Dass dieses Bemühen gründlich misslang, liegt auf der Hand, weil alle Interessen bei einer politischen Planung nicht unter einen Hut zu bringen sind.

Der bis hierhin beschriebene einfache Politikzyklus lässt sich auch noch erweitern. Man gibt bestimmte politische Ziele an beauftragte Institutionen weiter, und diese sollen möglichst effektiv umgesetzt werden. Bei einer Untersuchung könnten die beauftragten Institutionen an sich schon der Untersuchungsgegenstand sein. Dabei könnte z.B. die Frage gestellt werden, woran es liegt, dass Gesetzesvorlagen mitunter so verändert werden über beispielsweise Durchführungsanweisungen in den Institutionen, dass der ursprünglich konstruierte Gesetzesinhalt nicht mehr wiederzuerkennen ist. Diese Fragestellung bildet sozusagen noch ein Unterfeld in diesem Politikzyklus. Es sei noch auf einen Fehlschluss hingewiesen, nämlich dass Prozesse schon im Vorhinein konstruierbar sind.

Die Formulierung der Politikinhalte, wird von den Akteuren in den Institutionen wahrgenommen, z.B. im Parlament, die Auftraggeber der Verwaltung sind, die ihrerseits dafür sorgt, dass die Politikziele verwirklicht werden. Polity umfasst die Institutionen oder Akteure bzw. die Beteiligten. Policy umfasst wie gesagt die Politikinhalte oder Ziele, die entweder im Hinblick auf Institutionen in Form von Aufträgen bzw. Handlungsanweisungen formuliert werden, oder sie werden auch seitens der Akteure formuliert und zwar entweder einmal in Abhängigkeit von jeweiligen Identitäten, ein Christ z.B. wird andere politische Inhalte vorziehen als ein Moslem. Diejenigen, die über ein spezifisches Wissen verfügen, werden eine andere Politik fordern, als die Personen, die nicht über dieses Wissen verfügen. Zur Sicherstellung der als unumstößlich von bestimmten Individuen empfundenen Wertmaßstäbe werden solche politisch handelnden Individuen zur Erreichung bestimmter Ziele bestimmte Handlungen unterlassen. Mit anderen Worten, es existieren auf Akteursseite Werte, die das politische Handeln beeinflussen. Die Politikfeldanalyse untersucht u.a. genau diese Austauschbeziehungen. So spielt z.B.

bei dem Faktor Wissen die Frage eine Rolle, auf welche Weise bestimmte formulierte Ziele erreicht werden. Dieses Wissen benötigten die beauftragen Institutionen. Die Chancen der Zielerreichung hängen auch wieder ab von der jeweiligen Identität der beauftragten Organisation. So scheint es möglich, dass beispielsweise Verwaltungsfachleute Prozesse eventuell schnell und effizienter umsetzen können als andere. Als die Aufgabe anstand, im Zuge der deutschen Vereinigung bestimmte Betriebe in der ehemaligen DDR umwelt- und marktfähig zu machen, musste die Treuhandanstalt zur Abwicklung dieser Aufgabe abwägen, inwieweit sie bereit war, Arbeitslosigkeit in Kauf zu nehmen, diese Institution musste sich auch mit der Frage auseinandersetzen, inwieweit die dort lebende Bevölkerung solche Maßnahmen als gerechtfertigt ansieht, wobei die Treuhandanstalt allerdings idealerweise die Vorentscheidungen den regierenden Politikern überlassen hätte; in Wirklichkeit hat sie aber recht eigenständig gehandelt und soweit in jedem Einzelfall abgewogen.

Es geht in der Politikfeldanalyse auch immer um die Frage, wie bestimmte politische Ziele im Hinblick auf bestimmte Rahmenbedingungen erreicht werden. Was bislang dargestellt wurde, kann als Idealbild bzw. Idealvorstellung eingestuft werden. Es handelt sich dabei nur um Analysekategorien, die aber mit der Wirklichkeit nicht so ohne weiteres deckungsgleich sind, was CZADA auch noch mal betont mit dem folgen Satz: „Die Wirklichkeit richtet sich nicht nach den Theorien, sondern Theorien sind mehr oder weniger geeignete Werkzeuge, um Wirklichkeit unter einem bestimmten Blickwinkel zu erfassen. Der politische Prozess, die ihm zugrundeliegenden und ihn begleitenden gesellschaftlichen Probleme sind zu komplex, als dass sie von einer einzigen Theorie erfasst und erklärt werden könnten. Der Anspruch bestimmter Theorien besteht darin, bestimmte Aspekte komplexer Gesamtzusammenhänge mit Hilfe vorhandener Theorien oder auch nur Theorieelemente zu erklären."

Politikentwicklung (policy-making) meint den Entwurf und die Durchsetzung politischer Programme zur Lösung bestimmter Probleme. Das heißt, es wird zunächst ein Problem als politisches definiert, daraufhin wird eine bestimmte Lösung formuliert (Programm) und zur Implementation an die dafür zuständigen Stellen weitergegeben.

„Das politische Handeln prägende Institutionen und der politische Wettbewerb, Streben nach Machtanteil, spielen dabei eine wichtige Rolle. Die im Mittelpunkt stehende Politikentwicklung und ihre Ergebnissen können ohne die Kenntnisse der

3

Institutionen und des politischen Prozesses weder erklärt noch durch politische Beratung verbessert werden, weil politisches Handeln in besonderem Maße regelorientiert ist. Eine politikwissenschaftliche Institutionenlehre muss sich also notwendigerweise den Zugang zu den politischen Funktionen ihres Untersuchungsgegenstandes von den Politikinhalten her erschließen. Polity lässt sich ohne Policy nicht analysieren" (SCHARPF, 1985).

Zu den Methoden der Politikfeldanalyse nur diese Anmerkungen: Man kann eine Längsschnittanalyse durchführen, die auch als diachrone Analyse bezeichnet wird. Das heißt, man untersucht einen Gegenstand, ein Thema, eine Institution über einen längeren Zeitraum, d.h. man macht also einen zeitlichen Längsschnitt. Eine andere Methode ist die Querschnittsanalyse, die vergleichend bzw. synchron angelegt ist. Hier legt man einen bestimmten Zeitpunkt zugrunde, zu dem man zu einem Thema verschiedene Institutionen oder Akteure und deren jeweilige politics zum Erreichen von bestimmten policies analysiert.

Drei Erklärungsansätze der Politikfeldanalyse sollen hier näher erklärt werden: 1. Prozessanalysen, bei denen man einfach die Veränderungen beschreibt, also ein naiv-historisches Vorgehen an den Tag legt. Es werden also einfach Veränderungen beschrieben. 2. Der kausalanalytische Erklärungsansatz bemüht sich zu ergründen, wie die beobachteten oder beschriebenen Veränderungen erklärt werden können; es geht also um den Zusammenhang von Ursache und Wirkung. 3. Der präskriptive Erklärungsansatz ist beratungsorientiert. Präskriptiv heißt übersetzt vorschreibend, besser wäre hier die Übersetzung vorzeichnend, vorausgesetzt, man bekommt ein Ziel genannt, kann der Erklärende den effektivsten und effizientesten Weg vorzeichnen. Hier soll die Frage beantwortet werden, wie wünschenswerte Veränderungen zu erreichen sind. Die Frage der Erreichbarkeit spielt bei diesem Ansatz die entscheidende Rolle.

Politikfeldanalyse hat sich nicht zuletzt durch eine Theorie der Steuerung gebildet. Diese Theorie geht davon aus, dass Politik immer ein steuernder Eingriff in die Gesellschaft ist und beschreibt, wie sich Akteurskonstellationen bilden, und ob diese etwas bewirken oder etwas zu bewirken beabsichtigen. Die Faktoren, die das Bewirken bestimmter Veränderungen erklären können, kann man unterteilen nach verschiedenen Paradigmen (Mustern der Erklärung): Eine Gruppe von Wissenschaftlern behauptet, dass bestimmte Organisations- und Entscheidungsstrukturen sowie bestimmte Prozeduren des Austausches für

4

bestimmte Veränderungen verantwortlich zu machen sind. Dieser Zusammenhang lässt sich dem Institutionenparadigma zuordnen. Beim Wissensparadigma kommen zum einen das Wissen, der Sachverstand also, und zum anderen auch die Identitäten und Werte zum Tragen. Sehr schön verdeutlicht wird dies z.b. in dem Satz: „Der anfängliche Glaube, die Einführung der sozialen Marktwirtschaft würde ein neues Wirtschaftswunder im Osten bewirken", er wäre in dieser Perspektive abzuhandeln. Das Einfluss- oder Machtparadigma legt sein Augenmerk auf die Machtverhältnisse zwischen den einzelnen Akteuren oder auch Institutionen, die in diesem Zusammenhang die Rolle als Akteure wahrnehmen. Das Rational-choice-Paradigma, auch rationalwahltheoretisches Paradigma oder Theorie der rationalen Wahl genannt, beleuchtet Veränderungen unter den Bedingungen einer rationalen Wahl. Die Frage ist nun, was hier unter Rationalität zu verstehen ist. Aus einer in einer bestimmten Art und Weise definierten Rationalität ergeben sich bestimmte Verhaltensmuster in Wahlsituationen bzw. in Entscheidungssituationen. Dabei wird das nutzenmaximierende Verhalten der Akteure als das entscheidende Moment erachtet. Die Zuordnung der Paradigmen zu anderen Wissenschaften ergibt folgendes Bild: Das Rational-choice-Paradigma der Nutzenmaximierung wird in der Ökonomie verwendet, mit dem Einflussparadigma arbeiten Politikwissenschaftler, weil dort Macht und Machtverhältnisse thematisiert werden. Die Anwendung des Wissensparadigmas erfolgt mehr in der Kulturwissenschaft oder Wissenssoziologie. Das Institutionenparadigma ist die Grundlage für die Soziologie bzw. ganz besonders für die politische Soziologie. Von der Bedeutung dieser Paradigmen her stellen sie lediglich Entscheidungsmöglichkeiten der Wissenschaftler dar. Je nachdem, welches Politikfeld Wissenschaftler zu bearbeiten beabsichtigen, welche Perspektiven für diese interessant sind, und welche Faktoren wichtig oder unwichtig erscheinen, wird auch ein bestimmtes Paradigma gewählt. Daher kann man auch diese Paradigmen nicht nach Wertigkeit beurteilen. Man kann nur beurteilen, welche Paradigmen bestimmte Fakten besser oder weniger gut erkennen, deshalb ist das Verhältnis dieser Paradigmen zueinander als inkommensurabel, d h unvereinbar im Sinne von nicht ineinander überführbar zu bezeichnen. Die Paradigmen können also nebeneinander stehen, weil diese letztlich keine Vergleichbarkeit erlauben. KUHN behauptet, dass in bestimmten Zeiten Wertentscheidungen zugunsten bestimmter Paradigmen getroffen werden. So haben in den 50er Jahren die Behavioristen untersucht, wie sich bei einer gegebenen Umwelt die Menschen verhalten, ohne dass Wissen oder Identitäten dieser Menschen eine Rolle spielten. In den 70er Jahren wurden stärker sozioökonomische Strukturen in den Blick genommen. Die Paradigmen, die sich eher zur Untersuchung dieser Gegenstände eigneten, wurden in dieser Zeit vorgezogen. In bestimmten Abschnitten existierten sozusagen immer vorherrschende Strömungen, auch Mainstreams genannt.

In der Politikfeldanalyse stehen die Austauschbeziehungen zwischen verschiedenen Akteuren bzw. Institutionen im Vordergrund. Die Austauschbeziehungen finden auf die Ebene der Politics statt. Politikfeldanalyse heißt aber mit einem anderen Begriff „Policy-Forschung". Der Bereich der Policy-Forschung lässt sich am besten erklären mit den methodischen Begriffen der erklärenden und erklärten Variablen. Abhängige Variablen sind immer die, die erklärt werden sollen. Politikfeldanalyse erklärt die Policy (Politikinhalte) bei konstanten Rahmenbedingungen, d.h. der Polity (Institutionen, Akteure). Die veränderbaren zu erklärenden Variablen sind die Austauschbeziehungen (Politics), die besonders untersucht werden sollen. Dahinter steht die Frage, wie man zu bestimmten Politikinhalten kommt bzw. zu einer bestimmten Politik.

Es wurden bereits zuvor grundsätzliche Herangehensweisen, wie man Politik sozusagen analysieren kann, vorgestellt: Da war zum einen eine beschreibende Variante (Prozessanalyse), etwas erklärendes (kausalanalytisch) und dann eine präskriptiv orientierte Variante, in der die Frage eine Rolle spielt, wie man bestimmte Politikergebnisse erreicht; die Variante ist präskriptiv, also vorzeichnend, weil sie sozusagen Wege vorzeichnet, damit also beratungsorientiert. Des Weiteren wurden Paradigmen erläutert, die mit der Steuerungstheorie verbunden sind, und die man sozusagen auch wählen kann, also als Erklärungsmuster, nach dem man dann auch vorgeht, die insgesamt aber ineinander eben nicht überführbar sind, sondern bei denen man sich für eines dieser Erklärungsmuster entscheidet. Man entscheidet sich für ein Erklärungsmuster, ohne die anderen abzuwerten. Das sind einfach Wahlmöglichkeiten, die der Wissenschaftler hat.

Zur Prozessanalyse gehört die Annahme eines Politikzyklus. Eine basale Heuristik von Prozessanalysen findet sich wieder im Konzept des Politikzyklus. Der Begriff Heuristik kann mit Näherung bzw. besser gesagt verstehende Näherung übersetzt werden. Basal bedeutet so etwas wie grundlegend. Die basale Heuristik ist also eine erste grundlegende verstehende Näherung. Der Politikzyklus besteht aus verschiedenen Phasen: 1. Die erste Phase beginnt mit der Problemdefinition, d.h. es wird definiert, was als Problem angesehen wird, das einer politischen Lösung zugeführt werden soll. 2. Die zweite Phase ist die sogenannte Agenda-gestaltung, in der herausgearbeitet wird, welche Schritte definiert werden müssen, damit das Problem überhaupt handhabbar gemacht werden kann. 3. Die dritte Phase ist die Politikformulierung; in dieser steht die Formulierung von politischen Programmen im Vordergrund, die dann zur Umsetzung weitergegeben werden, die man dann auch als die tatsächlichen Policies begreifen kann. Diese können auch als Policy-Outputs bezeichnet werden. 4. Die vierte Phase umfasst die Politikimplementation, die die Auftragsvergabe z.B. an Verwaltungen oder andere Institutionen oder Akteure beinhaltet. 5. In der fünften Phase ist man dann bei der Politikevaluation, d.h. diese analysiert, inwieweit das politische Programm umgesetzt wurde und welche Ziele erfüllt wurden und welche nicht. Im Anschluss daran muss eine neue Problemdefinition in einem zweiten Politikzyklus überlegt werden, die an die Politik wieder zurückgegeben werden muss. Problemdefinition und Agenda-Gestaltung bilden den Policy-Input. Der Policy-Input umfasst das, was von außen an die Politik herangetragen wird. Soeben wurde ein verkürztes Schema angesprochen, nämlich das Input-Output-Schema, das die Phasen 1 bis 3 umfasst. Die Problemdefinition ist der Input und die Formulierung der Politik ist der Output. In einem zweiten Politikzyklus wird eventuell wieder eine neue Problemdefinition gegeben, also wieder ein neuer Input und ein neuer Output. Man kann zwischen der Phase 4 und 5 noch eine weitere Kategorie einsetzen und zwar die des Policy-Outcomes. Policy-Outcome bedeutet, man analysiert, welche Wirkung eine Politik auf die Adressaten der Politik hat. Also wenn beispielsweise eine bestimmte Wirtschaftspolitik implementiert wurde, welche Auswirkungen hat diese auf bestimmte Wirtschaftssubjekte (Arbeitnehmer, Arbeitgeber) und das unterscheidet sich dann noch mal von dem, was die Politik als Programm formuliert hat. Praktisch ist die Phase 1 und die Phase 5 relativ wenig relevant. Relevant ist der von CZADA sogenannte Reparaturzyklus zwischen den Phasen 2, 3 und 4. Wie die Probleme irgendwie in Politik kommen und definiert werden, das ist weniger interessant Ein politisches Vorhaben durchläuft den Politikzyklus wie oben beschrieben und man stellt beispielsweise fest, dass die Ziele nicht erreicht wurden. Diese Feststellung der Nichterreichung ist noch keine Evaluation, da eine Evaluation immer ein analytisch korrektes Vorgehen voraussetzt. Es wird also dann in einem Reparaturzyklus eine neue Agenda aufgestellt, neue

Ziele werden formuliert und neue politische Programme werden erstellt. Es handelt sich immer um einen unvollständigen und damit einen Reparaturzyklus.

Im nächsten Schritt soll nun mehr inhaltlich die Politikfeldanalyse kategorisiert werden über Politiktypologien und Politikarenen. Es handelt sich dabei um eine rein definitorische Unterscheidung, die hilft, bestimmte Politiken anhand von Politikfeldern einzugrenzen. Da ist die redistributive Politik zu nennen, d. h. Umverteilung. Es wird also etwas Gegebenes, schon eigentlich Verteiltes noch mal umverteilt, indem z.B. Einkommen, die also durch Marktprozesse verteilt worden sind, besteuert werden und dadurch eine bestimmte zweite Verteilungswirkung erzielt wird. Die distributive Politik ist eine Stufe vor der Redistribution, die vorhandene Einnahmen neu verteilt. Dabei wird nicht umverteilt, sondern es wird erst einmal grundsätzlich verteilt. In der regulativen Politik werden z.B. Institutionen neu etabliert werden, wie z.B. im Fall der Treuhandanstalt, die erst einmal eingerichtet worden ist. In der konstiutionellen Politik wird eine bestimmte Prozessordnung erstellt, Verfahrensweisen werden geregelt, z.B. wenn sich die Treuhandanstalt bestimmte Regeln gibt. Die konstitutionelle Politik besteht aus bestimmten Institutionen und prozessualen Ordnungen. Bei der selbstregulativen Politik hält sich der staatliche Akteur (Exekutive, Legislative) im Wesentlichen heraus, und überlässt den gesellschaftlichen Gruppen oder Akteuren sich selbst. Ein Beispiel für eine solche Politik wäre die Tarifpolitik. Der Begriff persuasive Politik mutet schon fast etwas beschönigend an. Vorsicht ist geboten, wenn man sich die Frage stellt, was es bedeutet, wenn man versucht, andere Menschen zu überreden, statt zu überzeugen. D. h. wie geht man die Überzeugungsarbeit an. Bei dieser Überredungspolitik geht es mehr um bestimmte Deutungen, und zwar um genehme Deutungen. Wenn man z.B. die Menschen im Osten davon überzeugen kann, dass es um blühende Landschaften im Osten geht, dann kann bei diesen eher die Bereitschaft geweckt werden, mitzuwirken. Persuasive Politik beruht eben nicht auf Argumenten sondern auf anderen Faktoren, nämlich wie man sich darstellen kann oder welche Möglichkeiten man dazu hat sich darzustellen. Als kritischer Politikwissenschaftler ist dieser gehalten eine solche Politik mit Vorsicht zu interpretieren.

Die soeben dargestellten Fakten stellen eine genauere Unterscheidungsmöglichkeit für Prozessanalysen dar. Nun wird im Folgenden die Kausalanalyse bzw. die Kausalerklärung angesprochen. Auf einen kleinen Fehler in den Ausführungen von CZADA sollte an dieser Stelle hingewiesen werden. Dieser Fehler steckt in der folgenden Aussage: „Sofern sich Ursachen und Wirkungsfaktoren messen lassen, ist die statistische Analyse möglichst vieler Fälle bzw. Länder ein mächtiges Werkzeug zur Erklärung von Politikergebnissen". Statistische Analysen bieten eben keine Kausalerklärung. Statistik lässt sich unterscheiden in beschreibende und explorative (schließende) Statistik. Beschreibend heißt, dass statistische Zusammenhänge feststellbar sind, im Sinne von „Immer dann..., wenn, dann passiert irgend etwas anderes". Ein Zusammenhang von Ereignis A und Ereignis B kann beispielsweise über dieses Verfahren hergestellt werden. Das heißt aber nicht, weil Ereignis A, deshalb Ereignis B. Statistik an sich bietet also keine Erklärung. Sie stellt lediglich eine Veranschaulichung bzw. Verdeutlichung von Gegebenheiten dar.

Nun werden die Schulen der Policyforschung erklärt: 1. Sozioökonomische Faktoren, 2. Es gibt bestimmte parteipolitische Ausrichtungen (Parteiendifferenz-Theorie). 3. Es liegt an Klassenstrukturen. 4. Man untersucht Verbände und deren spezifische Austauschbeziehungen bzw. Austauschmuster. 5. Man untersucht die Institutionen, also die Polity, bestimmte Regeln, Werte oder Rahmenbedingungen geben bestimmte Politiken vor. Darüber kann man dann tatsächlich Ursache- und Wirkungsanalyse machen. Diese Schulen können wiederum klassifiziert werden als Paradigmen (Erklärungsmuster), die Entscheidungen des jeweiligen Wissenschaftlers darstellen, was heißt, bestimmte Faktoren als erklärungsrelevant anzusehen und andere Faktoren dementsprechend zu vernachlässigen Bei den sogenannten analytical narratives oder übersetzt bezeichnet als analytische Erzählungen geht es letztlich darum, dass man versucht, einen Einzelfall möglichst gut genau detailliert zu beschreiben. Man versucht speziell auf diesen Einzelfall bestimmte generelle Erklärungsmuster zu finden, die man dann auch wieder einsetzen kann, um in diesem Politikfeld zu Verbesserungen oder anderen Zielen, die man für wünschenswert hält, zu kommen. Diese Herangehensweise führt dann zum Bereich der Implementationsforschung (d.h. die Methode wird besonders gerne, aber natürlich nicht ausschließlich genutzt von Implementationsforschern), in der man analysiert, wie bestimmte Politiken von den Auftragnehmern wie z.B. der Verwaltung oder anderen Behörden umgesetzt werden. In jedem Einzelfall kann dann eruiert werden, ob beispielsweise bei der Umsetzung von bestimmten Politiken bestimmte Regeln existieren, die immer zu bestimmten inhaltlichen Beschränkungen und bestimmten Eigenarten führen. Dabei ist dann auch die Frage zu stellen, ob man an dieser Schraube drehen kann, um zu einem gewünschten Politikergebnis zu kommen. Diese Vorgehensweise ist eher in der politischen Soziologie und der Verwaltungswissenschaft anzusiedeln. Ein letzter Ansatz, der im Zusammenhang mit der Kausalanalyse zu nennen ist wäre die Kommunikationsanalyse. In diesem Zusammenhang wird versucht herauszufinden, inwieweit Wissen und Deutungsmacht im politischen Prozess entsteht und genutzt wird. Es wird die Frage gestellt, wer zu bestimmten Argumenten kommt, wie diese Argumente eingesetzt werden und welche Auswirkungen diese Argumente zeitigen.

Es wird nun erläutert, was Politikfeldanalyse als Beratungswissenschaft ausmacht. Es wurde schon bereits darauf hingewiesen, dass es bei den think tanks amerikanischer Prägung weniger auf die normative Ebene ankommt, sondern es kommt in diesem Zusammenhang mehr auf Zweckrationalität an. Das heißt, ein bestimmter Zweck wird vorgegeben, dieser wird auch dann nicht weiter hinterfragt. Dieser Zweck soll mit möglichst optimalem Mitteleinsatz erreicht werden. Man kann einem solchen Ansatz vorwerfen, dass man damit die Politikfeldanalyse verengt auf effiziente Verwaltung. Dieser dargestellte Ansatz ist ein amerikanisches Politikmodell, das sich in Deutschland nicht durchgesetzt hat. In Deutschland ist man doch noch mehr an Normen und Funktionsweisen der Gesellschaft interessiert. In Deutschland hat sich der Ansatz der Steuerungstheorie eher durchgesetzt; unbekannt ist, ob er auch in Deutschland entstanden ist. Dieser steuerungstheoretische Ansatz trägt zwar beratungsorientierte Züge, aber die Funktionsweise einer Gesellschaft wird hierbei nicht ausgeblendet sondern mit berücksichtigt so wie auch normative Elemente nicht außer Acht gelassen werden. Die Wurzeln dieses Ansatzes lassen sich bis in die Antike zurückverfolgen. Steuerung gilt seit jeher als Leitbild für die Regierung eines politischen Gemeinwesens PLATON vergleicht die Staatskunst mit der Kunst der Steuerung eines Schiffes. Sein Politiker ist in erster Linie Steuermann, der mit Kunstfertigkeit und überlegenem Wissen durch unsichere Umwelten auf ein Ziel hinführt.

Auf die heutige Zeit übertragen wird Steuerungstheorie als notwendige Staatsintervention zu einem bestimmten Zweck definiert, und man erkennt auch an, dass die Steuerungstheorie von daher auch beratungsorientiert ist, dennoch werden eben auch Beschreibung und Erklärung von gesellschaftlichen Systemen oder Teilsystemen mit berücksichtigt. Normative Aspekte werden bei dieser Theorie auch nicht ausgeschlossen. Insoweit ist sie also mindestens vom Horizont mehr als ein klassisches Think-Tank-Modell. Im weiteren soll versucht werden zu erklären, was man unter Steuerung versteht, und wie diese definiert werden kann. Zunächst ist mal die Steuerung als eine Staatsintervention zu sehen, also der Staat greift in das gesellschaftliche Geschehen ein und reguliert damit auf irgendeine Art und Weise zu einem bestimmten Zweck. Dennoch unterscheidet sich dieser Begriff der Steuerung von dem der Planung. Planung hat den Anspruch, gesamtgesellschaftliche Entwicklung gezielt voranzutreiben. Dieser Vorgang lässt sich mit Planwirtschaft wie auch Planpolitik gleichsetzen. Diese Art von Politik ist aus dem früheren Ostblock hinlänglich bekannt. Mit der steuerungsmäßigen Ausrichtung von Politik legt sich diese selber Grenzen auf. Steuerung umfasst die Beeinflussung eines gesellschaftlichen Teilsystems unter Benutzung seiner erkannten Funktionsweisen und damit wird auch schon die Reichweite genannt, nämlich die Beschränkung auf das Teilsystem und nicht die gesamtgesellschaftliche Steuerung, also nicht Planung im oben definierten Sinn. In den modernen Industriegesellschaften hat sich gezeigt, dass der Planungsansatz letztlich gar nicht durchführbar ist, also sozusagen immer von vornherein zum Scheitern verurteilt ist. Das Problem der Planung liegt darin, dass im Falle eines Scheiterns sogar ein ganzes System zusammenbrechen kann. Ein solches Scheitern ist eindrucksvoll durch den Zusammenbruch der ehemaligen kommunistischen Systeme mit ihrer plan- oder auch zentralverwaltungswirtschaftlichen Ausrichtung offensichtlich geworden. Bei der Steuerung, die sich immer nur auf bestimmte Teilbereiche konzentriert, ist zwar natürlich ein Scheitern auch nie auszuschließen, aber in diesem Ansatz verändert sich dann nur ein Teilbereich in erwünschter oder im Falle eines Scheitern in unerwünschter Weise. Die anderen Teilbereiche bzw. Teilsysteme bleiben im Falle der Steuerung von positiven wie auch negativen Effekten relativ unverändert. Der entscheidende Vorteil dieses Politiksteuerungsansatzes liegt daher in seiner Flexibilität. Der Steuerungsansatz ist mithin langfristig erfolgversprechender als der Planungsansatz. Die Wahrscheinlichkeit, dass ein Steuerungsansatz scheitert, ist eher als gering anzusehen, weil zum Scheitern einer solchen Politik schon mehr Bedingungen vorliegen müssen. Zusammenfassend lässt sich also festhalten, dass Steuerung sich Eigengesetzlichkeiten und spezielle Funktionsweisen gesellschaftlicher Teilsysteme zu nutze macht.

Diese Eigengesetzlichkeiten und speziellen Funktionsweisen gesellschaftlicher Teilsysteme lassen sich unter den Begriff der institutionellen Logik fassen. Institutionelle Logik meint eigenständige Funktionsweisen. Die institutionalistische

Sicht spricht von einer institutionellen Eigenlogik, die das Handeln der Akteure prägt aber eben nicht determiniert, also nicht zwanghaft bestimmt. Diese Eigenlogik wird nicht, wie in der systemtheoretischen Sichtweise angenommen, genetisch vererbt, sondern kann durchaus von außen gesetzt werden. Wichtig bei dieser institutionalistischen Schule ist die Frage, wie Eigenlogiken bzw. Funktionsweisen gebildet werden und wie diese geändert werden. Sie müssen nicht durch dieses System selbst entstanden sein. Als erklärendes Beispiel soll hier die Treuhandanstalt herangezogen werden, die Funktionsweisen unterliegt, nach der die Treuhandanstalt funktioniert (Eigengesetzlichkeit), aber diese kommt eben nicht von der Treuhandanstalt selbst, hat diese Funktionsweisen also sich nicht selbst gegeben, sondern die Institution Treuhandanstalt mit ihrer Eigengesetzlichkeit ist von der Bundesregierung geschaffen worden. Es gibt andere Regelungen, die später noch erläutert werden, nach denen die Treuhandanstalt Formen von Runden Tischen eingerichtet hat; dieser Vorgang ist aus der Institution selbst hervorgegangen. Da liegt auch wieder eine Eigengesetzlichkeit vor, also eigene Funktionsweisen, aber in diesem Fall wurde die Eigengesetzlichkeit bzw. Funktionsweisen in der Institution selbst geschaffen, weil man erkannt hat, dass man bestimmte Ziele so besser bzw. schneller erreichen kann. Zu unterscheiden ist also einmal nach den eigenen Funktionsweisen, oder anders gesagt, den Austauschbeziehungen. Bei diesen Austauschbeziehungen ging es, wie schon erwähnt darum zu untersuchen, wer bzw. was wie miteinander funktioniert. Die Akteure oder Institutionen funktionieren miteinander. Dieser Sachverhalt wird in dem Ansatz des akteurszentrierten Institutionalismus auch noch mal genauer definiert. Das Erkenntnisinteresse ist bei diesem Ansatz nicht auf den einzelnen Akteur gerichtet, sondern die korporativen Akteure (organisierte Gruppen) stehen hier im Mittelpunkt des Erkenntnisinteresses. Korporative Akteure sind formal organisierte Personenverbände, die über kollektive Handlungsressourcen verfügen. Diese Akteure sind sogar in doppelter Weise organisiert: Zum einen sind diese untereinander organisiert, also beispielsweise hat eine Partei eine bestimmte Satzung und bestimmte Regeln, nach denen die Mitglieder miteinander verfahren. Zum anderen aber auch wird über informelle oder auch formale Regeln (Beispiel: verbotene „Doppelmitgliedschaften" – man kann nicht gleichzeitig der SPD und der CDU angehören) im Hinblick auf andere Organisationen festgelegt, wie die Austauschbeziehungen zwischen den Parteien bzw. zwischen Parteien und anderen gesellschaftlichen Verbänden ausgestaltet sind. Genau diese doppelte Organisiertheit wird als Mehrebenensystem verstanden. Zu unterscheiden ist also zwischen der Ebene der Binnenstruktur (Austauschbeziehungen innerhalb einer Organisation) und der Ebene der Austauschbeziehungen einer Organisation mit anderen. Diese Bedingungen vorausgesetzt, kann festgehalten werden, dass Organisationen einmal Akteure sind aber auch andererseits wieder einen institutionellen Rahmen abgeben, je nachdem aus welcher Sicht Organisationen klassifiziert werden. Für die einzelnen Mitglieder einer Partei ist die Partei eine Institution, das Rahmenwerk, oder anders ausgedrückt die Polity. Für alle anderen Verbände oder anderen Parteien oder kurz gesagt die Umwelt einer Organisation ist die Partei selbst Akteur und zwar einer von vielen Akteuren. An diesem Beispiel wurde soeben die Unterscheidung zwischen Akteuren, Institutionen und den verschiedenen Ebenen erklärt. Die Frage, die nun noch zu beantworten ist, ist die, warum korporative Akteure interessanter sind als der einzelne Akteur. Beantwortet werden kann diese Frage mit der simplen Feststellung, dass das einzelne Individuum in Organisationen eher handlungsfähig ist und Interessen damit eher durchsetzen kann. Als nächster Schritt soll nun der Ansatz des akteurszentrierten Institutionalismus zusammenfassend verdeutlicht werden. Akteure und ihr Handeln in Institutionen mit anderen Akteuren in anderen Institutionen ist der Gegenstand des akteurszentrierten Institutionalismus, also die Akteure und ihr Handeln bzw. die Austauschbeziehungen innerhalb von Institutionen und die Austauschbeziehungen dieser Organisationen mit anderen. Diese Fragestellung ist Gegenstand und Forschungsfeld für den akteurszentrierten Institutionalismus. In den vorangegangen Abschnitten wurden die Austauschbeziehungen ziemlich undefiniert gelassen, die durchaus noch genauer definiert werden können. Eine Möglichkeit der genaueren Definition dieser Austauschbeziehungen ist das Unterteilen nach Macht, Wissen, Identität. Man kann diese Austauschbeziehungen aber auch über die Steuerungsmedien der Politik genauer definieren. CZADA nennt als Steuerungsmedien der Politik einmal Gewalt, Recht und Geld, die man wiederum unter den Begriff der Macht subsumieren kann. Unter dem Begriff des Wissens kann man die Steuerungsmedien Information und Organisation fassen. Die Begriffe Solidarität und Vertrauen können der Kategorie Identität zugeordnet werden. Bezogen auf die Vereinigungspolitik analysiert CZADA als erstes das Steuerungsmedium Recht, also die Herstellung der Einheit durch Gesetz. CZADA behauptet in diesem Zusammenhang, dass die Rechtssetzung das wichtigste Mittel

13

zur Steuerung der deutschen Einheit gewesen sei. Dies hat sich in der DDR schon angedeutet. 1989 wurde der Führungsanspruch der SED und der Arbeiterklasse aus der Verfassung gestrichen, und 1990 wurden das Eigentum an Produktionsmitteln und die Ansiedlung ausländischer Unternehmen zugelassen. Insgesamt lässt sich feststellen, dass die DDR selbst grundlegende Transformationsschritte in rechtlicher Hinsicht unternommen hat. Die folgende von CZADA geäußerte Feststellung illustriert diese Steuerungsform zur Herstellung der deutschen Einheit: „Gleichwohl bleibt es eine oft vernachlässigte Tatsache, dass sich die DDR liberal-demokratische staatspolitische Grundstrukturen in Vorbereitung auf die staatsrechtliche Vereinigung selbst gegeben hat". Zu fragen ist nun nach den verfolgten Zielen mit dieser Rechtssetzung. Zunächst mal mussten kompatible Institutionen geschaffen werden. Die Umstellung beispielsweise auf eine Marktwirtschaft erfordert andere, nämlich zumindest dezentrale, besser noch demokratische Organisationsformen und die Etablierung passender Institutionen. Des Weiteren bezweckte man im Rahmen dieser Rechtssetzung eine bestimmte inhaltliche Programmierung vorzunehmen. Es reichte nicht aus nur die passenden Institutionen zu schaffen, sondern diese mussten auch auf ein bestimmtes Ziel hin ausgerichtet werden. In den weiter zurückliegenden Abschnitten wurden schon Definitionen für Politikinhalte gegeben. Im Zuge der Beschreibung der Vereinigungspolitik ordnet auch CZADA die Inhalte der Vereinigungspolitik den verschiedenen Politikkategorien zu. Vordergründig ist festzustellen, dass die soeben beschriebenen politischen Maßnahmen zur Herstellung der deutschen Einheit als regulative Politik bezeichnet werden müssen. In der Wiedervereinigungspolitik müssen diese Maßnahmen aber als konstitutive Politik qualifiziert werden, weil völlig neue Strukturen aufgebaut worden sind. Es wurde also hier etwas konstituiert bzw. geschaffen und nicht etwa nur reguliert. Ein weiteres Steuerungsmedium ist das Geld. Finanztransfers sind vorgeschrieben zur Herstellung möglichst gleicher Lebensverhältnisse. Auf jeden Fall wird es sich als schwierig erweisen in diesem Zusammenhang einen Produktivitätsrückstand der DDR zu diskutieren, weil man nur Ähnliches vergleichen kann und nicht grundsätzlich Unterschiedliches. Eine Marktwirtschaft zeichnet sich dadurch aus, dass man Marktpreise hat, in der Planwirtschaft bzw. Zentralverwaltungswirtschaft existieren keine Marktpreise, diese werden willkürlich festgelegt. Solche Preise kann man als administrierte Preise daher charakterisieren. Von daher erscheint es nicht gerechtfertigt, von einem Produktivitätsrückstand zu sprechen, weil man die unterschiedlichen Produktivitäten der Volkswirtschaften der alten Bundesrepublik Deutschland und der ehemaligen DDR gar nicht vergleichend analysieren kann. In der Bundesrepublik entbrannte ein großer Streit über die Frage, inwieweit das Versprechen der damaligen Politiker zu realisieren sei, im ostdeutschen Beitrittsgebiet die Lebensverhältnisse gegenüber dem Westen in fünf Jahren angeglichen zu haben. Der SPD-Politiker Oskar Lafontaine hat damals schon das von verschiedenen Politikern gemachte Versprechen der Herstellung angeglichener Lebensverhältnisse zwischen Ost und West als nicht realisierbar eingeschätzt. Hier erscheint die Frage nach dem Bezugspunkt solcher Versprechen gerechtfertigt, und es muss in diesem Zusammenhang exploriert werden, wie letztlich etwas bewertet wird, bzw. welcher Bewertungsmaßstab zugrundegelegt wird. Der fehlende Bewertungsmaßstab erlaubt keine Aussagen zur Vergleichbarkeit zwischen Ost und West. Ein Bewertungsmaßstab könnte in der Qualität der Versorgung oder in dem Lebensstandard der Menschen liegen, aber man kann den Produktivitätsrückstand sicherlich nicht als Bewertungsmaßstab zugrundelegen. Insgesamt lässt sich also zum Steuerungsmedium Geld folgende Begründung festhalten: Es ist zweifellos ein wichtiges Steuerungsinstrument, weil im Grundgesetz schon das Postulat der Herstellung gleicher Lebensverhältnisse erhoben wird. An den Lebensverhältnissen kann man feststellen, inwieweit Menschen im Osten beispielsweise schlechteren Lebensbedingungen ausgesetzt sind als im Westen. Eine solche Feststellung wäre dann auch die Legitimation für Finanztransfers in den Osten. Die Beschreibung der Steuerungsmedien endet mit dem der Herstellung der Einheit durch Überzeugung. In diesem Zusammenhang sollte noch mal auf die in den vorangegangenen Abschnitten erläuterte persuasive Politik verwiesen werden, die mit Vorsicht zu interpretieren ist. Diese ist auch für die Herstellung der Einheit von großer Bedeutung gewesen, weil dieses Überzeugtsein von etwas als stärkstes Handlungsmotiv gelten kann. Wenn also Menschen von etwas überzeugt sind, dann ist die Einsatzbereitschaft für ein bestimmtes Ziel auch hoch zu veranschlagen. Daher wurde dieses Mittel der Überzeugungspolitik gezielt eingesetzt, indem beispielsweise der damalige Bundeskanzler Helmut Kohl blühende Landschaften im Osten in fünf Jahren versprach unter der Voraussetzung einer erhöhten Anstrengungsbereitschaft durch die gesamte Bevölkerung in der Bundesrepublik z.B. auch über den Solidaritätszuschlag. Es soll dabei nicht in Abrede gestellt werden, dass dieses Versprechen verknüpft mit dem Appell an die Anstrengungsbereitschaft der

Bevölkerung im Osten tatsächlich eine Verbesserung des Lebenszustands im Beitrittsgebiet hätte herbeiführen können. Tatsächlich ist dieser Effekt aber nicht eingetreten. So bleibt also festzuhalten, dass diese künstlich erzeugte Erwartungshaltung nicht mehr als eine gezielte Manipulation der Regierenden war, dadurch dass den Menschen im Osten eine Verbesserung ihrer Lebensverhältnisse in einem überschaubaren Zeitraum – vielleicht sogar in guter Absicht – versprochen wurde, um damit die Menschen zu verstärktem Engagement zu bringen. Der gewünschte Nebeneffekt liegt darin, dass eine Kontrolle der Regierenden, ob die Bevölkerung auch die geforderten Leistungen erbringt, entbehrlich wird, wegen der erreichten Überzeugung der Menschen zu bestimmten Handlungen. Dadurch werden entscheidend die durch Kontrolle entstehenden Kosten gesenkt. Wenn es also beispielsweise gelingt die Überzeugung zu verbreiten, dass es ethisch verwerflich ist, wenn man ein öffentliches Verkehrsmittel benutzt, ohne eine Fahrkarte zu kaufen, dann wird der Einsatz von Kontrolleuren überflüssig, weil die Kontrolle durch den Gruppendruck bzw. eigene Überzeugung ersetzt wird. Die Gesellschaft sorgt so ohne äußeren Zwang dafür, dass Menschen bestimmte Überzeugungen zu bestimmten Handlungen und Unterlassungen verinnerlicht haben, oder es existieren andere Menschen, die ohne Kontrolleure darüber wachen, dass bestimmte Regeln eingehalten werden. Wenn man beispielsweise bezogen auf die Vereinigungspolitik die Überzeugung verbreitet, dass es asozial oder ethisch verwerflich ist, die Unkenntnis von bestimmten Menschen im Hinblick auf die Marktwirtschaft auszunutzen, dann werden vielleicht Kontrollen nicht mehr nötig sein, weil mehr Menschen solche ethisch verwerflichen Handlungen unterlassen. Die volkswirtschaftlichen Kosten von Vereinigungskriminalität würden damit also geringer. Diese Beispiele verdeutlichen also, welchen Sinn die Betreibung einer solchen persuasiven Politik hat. In jedem Fall bleibt es fragwürdig, ob der Einsatz einer solchen Politik wirklich so gut ist. Indem Politiker bestimmte Begriffe aus dem Nachkriegsdeutschland, wie dem sogenannten „Wirtschaftswunder" immer wieder betont haben, bzw. in das politische Spiel gebracht haben (Wirtschaftswunder, soziale Marktwirtschaft, Wohlstand für alle, Modell Deutschland) wurde versucht, auch eine bestimmte Vorstellung in die Köpfe der Menschen einzupflanzen. Es wurde den Menschen damit suggeriert, dass ein Zustand im Osten eintreten würde, der dem im Westen in den 60er Jahren entspricht.

Nun werden die analytischen Grundkategorien der empirischen Politikforschung beleuchtet. Dabei handelt es sich wieder um Kausalerklärungen. In diesem Zusammenhang sollte auf den bereits erklärten Politikzyklus und den verkürzten Politikzyklus, auch Reparaturzyklus genannt, verwiesen werden. Eingebettet werden in diesen Gedankengang soll nun der Ansatz des Neo-Institutionalismus. Nach 1945 traten zwei Politikwissenschaftler besonders in Erscheinung, nämlich David EASTON und Harold LASSWELL, die zunächst mal ein einfaches Input-Output-Schema konstruierten, und eine Nichtexistenz von Eigengesetzlichkeiten innerhalb dieser black box Politik behaupteten. Danach wird ein bestimmtes politisches Problem in die box eingegeben und anschließend innerhalb der box eine bestimmte Politik formuliert und das so entstehende politische Programm als Output umgesetzt. Dann wird diesem Modell zufolge untersucht, ob das politische Programm bzw. seine Umsetzung effektiv bzw. effizient war. Der Kritikpunkt des in den 80er Jahren etablierten Neoinstitutionalismus an dem einfachen Input-Output-Schema ist die fehlende Berücksichtigung von Eigengesetzlichkeiten von Institutionen. Im Neoinstitutionalismusansatz spielen diese Eigengesetzlichkeiten eine entscheidende Rolle. In diesem Ansatz wird davon ausgegangen, dass Institutionen aufgrund ihrer jeweiligen Eigengesetzlichkeiten ein Input in spezifischer Weise verändern. Es kommt also auf die Institution selbst an, wie ein bestimmtes politisches Programm letztlich umgesetzt wird. Diese Einsicht kommt in der schon bereits erwähnten Phase der Implementation im Politikzyklus zum Tragen. Bislang wurde immer unterschieden zwischen Akteur und Institution. Eine Institution stellt ein Rahmenwerk dar. Genauer gesagt, eine Institution ist ein Regelsystem, das Verhalten und Erwartungen prägt, indem diese Normen formulieren und durchsetzen. CZADA sieht das politische Moment von Institutionen dann als gegeben an, wenn diese Institutionen der autoritativen Konfliktregelung durch eigens dafür konstruierte Normen dienen, und dafür einen Apparat mit geeignetem Personal zu deren Durchsetzung bereithalten. Kennzeichen von demokratischen Institutionen sind ihre relative Zwanglosigkeit, denn nur dann sind diese langfristig erfolgreich. In einer Demokratie verbietet sich jede zwanghafte Etablierung einer Institution, diese kann nur über Zustimmung erfolgen. Im Falle des langfristigen Fehlens dieser Zustimmung kündigen immer mehr Menschen ihre Mitgliedschaft bei der Institution auf, und die Institution wird früher oder später von der Bildfläche verschwinden. Die Parteien können durchaus als Beispiele für dieses beschriebene Szenario herangezogen werden. So kann es beispielsweise passieren, dass bei fehlender Zustimmung der überwiegenden Mehrzahl der SPD-Mitglieder zur Agenda 2010 ihrer Partei den Rücken kehren, weil diese sich nicht mehr programmatisch beheimatet fühlen in der SPD, diese Partei irgendwann aufgelöst wird, oder diese ändert sich so weit, dass man diese nicht mehr mit der traditionellen SPD vergleichen kann. Die Institution ist also von daher gezwungen, immer wieder um Zustimmung zu werben, d.h. es muss ein Diskussionsprozess innerhalb dieser Institution darüber stattfinden, welche politischen Ziele erreicht werden und wie diese zu verwirklichen sind. Diese Aufgabe der Institution wird noch einmal durch folgenden Satz zum Ausdruck gebracht: „Das Einverständnis, das einer politischen Ordnung die Chance zwangloser Befolgung sichert, kann allerdings auf Dauer nur erreicht werden, wenn ihm ein kommunikativ geteiltes, normatives Motiv anhaftet. Dies verweist auf die Notwendigkeit von Diskursen über politische Institutionen, in denen sich Interessen mit Ideen zu einer gemischten Geltungsbasis des Einverständnisses verbinden können". Beide Aspekte werden genannt: Der normative Aspekt, dass innerhalb von Institutionen bestimmte Beschlüsse rechtfertigbar verabschiedet werden können, und der rein interessenmäßige Aspekt, der also zum Ausdruck bringt, dass jedes Mitglied in dieser Institution einen Nutzen von einer bestimmten in der Institution verabschiedeten Regelung hat. Zusammenfassend lässt sich folgendes festhalten: Institutionen stellen eine Art Rahmenwerk oder Orientierungsrahmen dar und sind in einer Demokratie immer auf die Zustimmung der Akteure in diesen Institutionen angewiesen, und diese Zustimmung setzt sich aus zwei Komponenten zusammen: Zum einen das Interesse, also der Nutzen der Akteure, zum anderen aber auch die Komponente normativer Zustimmung, d.h. die Überzeugung der Akteure in diesen Institutionen, dass bestimmte in diesen Kollektiven verabschiedeten Regelungen gerechtfertigt sind. Nun werden einige nach Fachbereichen abgrenzbare Ansätze des neuen Institutionalismus vorgestellt: Der soziologische Institutionalismus beschreibt die Gestalt der Gesellschaft und wie sich diese verändert. Dabei handelt es sich methodisch nur um eine Beschreibung. Zentrale Untersuchungsgegenstände sind Gruppen aber auch Individuen und die Frage der Art und Weise der Organisation dieser Gruppen und Individuen in Verbänden oder Institutionen und der Art und Weise des Stattfindens der Verschiebung von Zielen und der Verschiebung hinsichtlich der Form der Organisationen. In der wirtschaftswissenschaftlichen Schule des Institutionalismus gilt die Grundannahme, dass zunächst mal alle Akteure rationale Nutzenmaximierer sind. Dabei wird untersucht, inwieweit die rational handelnden Individuen in einer gebildeten Institution tatsächlich ihren Nutzen maximieren können. Der Nutzen einer Institution für rational handelnde Individuen kann darin liegen, dass Kosten gesenkt werden können, beispielsweise auch die eines Konfliktes (siehe Außenpolitik). Es wird also von den ökonomischen Institutionalisten behauptet, dass die Bildung einer Institution dazu führen kann, Kosten nachhaltig zu senken. Die historischen Institutionalisten arbeiten heraus, zu welchen Epochen bestimmte Institutionen existierten und wie sich diese im Zeitablauf geändert haben. Die Politologen würden die letztgenannte Frage beantworten mit der Feststellung, dass die Änderung der Institutionen durch Verschiebung der Machtpositionen bewirkt worden sei. Die Historiker sind aber nicht bereit, Veränderungen von Institutionen ausschließlich mit der Verschiebung der Machtverhältnisse zu erklären. Sie sind der Ansicht, dass viele Gründe zu dieser Veränderung geführt haben können, insofern haben die Historiker einen breiteren Blickwinkel. Es wurden also hier bestimmte fachliche Ansätze erläutert, die auch wieder nicht ineinander überführbar, d.h. inkommensurabel, sind. So können Politologen zwar ohne weiteres soziologisch, ökonomisch oder historisch vorgehen, aber es sind eben keine Ansätze der Politikwissenschaft, denn diese versucht zu erforschen, wie bestimmte Teilsysteme oder Institutionen gesteuert wurden bzw. wie der Staat in die Gesellschaft interveniert hat. Der politische Institutionalismus konzentriert sich auf institutionelle Formen und politische Wechselbeziehungen im Verhältnis von Staat und Gesellschaft. Wichtig ist, dass man die Ansätze nicht miteinander vermengt im Forschungsprozess; man kann diese höchstens hintereinander verwenden. Der Ökonom würde z.B. die Einkommensverteilung untersuchen, wenn ein Sozialstaatsmodell nicht praktiziert werden würde. In diesem Kontext würde der Ökonom auch untersuchen, wie die Entwicklung der Einkommensverteilung sich darstellt unter den Bedingungen eines Sozialstaats. Dabei könnte er zu dem Ergebnis kommen, dass sich der Sozialstaat rentiert, auch wenn dadurch vermeintlich bzw. auf den ersten Blick einige Bevölkerungsschichton benachteiligt werden, indem man z.B. bestimmte Konfliktkosten minimiert. Der Politologe würde bei dem gleichen Politikfeld, nämlich dem Sozialstaat, auch die Einkommensverteilung vor und nach dem Bestehen des Sozialstaates untersuchen. Der Politikwissenschaftler würde z.B. die Entstehung eines Sozialstaates mit der Verschiebung von Machtgewichten erklären. Das heißt, der Politikwissenschaftler würde behaupten, dass vor der Entstehung der Sozialstaatlichkeit große Teile der Bevölkerung wegen der Erzielung eines unterdurchschnittlichen Einkommens einen niedrigen Lebensstandard hatten. Im Laufe der Zeit konnten diese Schichten eine große Machtposition aufbauen und deshalb hat sich ein Sozialstaat entwickelt. Die oben beschriebene ökonomische Erklärungsweise und die politikwissenschaftliche Erklärungsweise schließen sich einander nicht aus, sondern stellen zwei unterschiedliche Perspektiven dar, und das heißt, diese sind nicht ineinander überführbar, bzw. diese kann man nicht miteinander vermengen. Beide Ansätze sind in ihrer Perspektive richtige Erklärungen, aber man kann daher die eine Erklärung nicht als richtig und die andere als falsch charakterisieren.

Ein Ansatz, der in den 50er Jahren von Soziologen erarbeitet wurde, ist der sogenannte Funktionalismus. Diese haben bei der Entstehung dieses Ansatzes – nicht wie die Politologen – untersucht, wie Funktionen zu legitimieren sind, sondern reduzieren diesen Ansatz auf die einzige Frage, wie die Gesellschaft funktioniert bzw. wie man Gesellschaft so abbilden kann, dass daraus ein System erwächst. Es geht also diesen Wissenschaftlern darum zu ergründen, was man bei einer derart angelegten Forschung systematisch feststellen kann. Einer der bedeutendsten Vertreter dieser Theorie war Talcott PARSONS. Dieser Wissenschaftler hat das sogenannte AGIL-Schema entworfen. Das A steht für Adaptation (Anpassung), dieser Begriff bezieht sich auf die Wirtschaft. Innerhalb der Gesellschaft existiert also ein Teilsystem, die Wirtschaft. Über die Wirtschaft wird dafür gesorgt, dass der Bestand der Gesellschaft erhalten bleibt. Voraussetzung für die Erhaltung der Lebensfähigkeit einer Gesellschaft ist die dauernde Anpassung dieser an die Umwelt. Das ist mit Anpassung gemeint. Der nächste Teilbereich in diesem Schema wäre das Goal attainment (Zielerreichung), diese Funktion wird von dem Subsystem Politik wahrgenommen. Im Bereich der Zielerreichung dieses Schemas steht die Frage der Festlegung, welche Aufgaben einer Gesellschaft bzw. der Politik zugewiesen werden und wie sich eine Gesellschaft entwickeln soll, Politik soll in diesem Zusammenhang gewährleisten, dass bestimmte Ziele formuliert und erreicht werden. Nach diesem Schema wird der Bereich der Integration hauptsächlich als Erziehung verstanden. Dabei geht es darum, neue Mitglieder bzw. Außenstehende in die Gesellschaft zu integrieren. Das noch als letztes zu erwähnende Teilsystem in diesem Schema wird als Latent pattern maintenance bezeichnet, was für die Bewahrung tiefliegender Muster (Tradition, Kultur) steht. Alles, was über den Tag hinausgeht, wie Werte, Wertzuweisungen, Identitäten, lässt sich unter dieser Bezeichnung fassen. Die Frage, die nun noch zu beantworten wäre, ist die Frage, was dieses Schema zu einer Theorie, ja sogar zu einer Systemtheorie macht. Die Systemtheorie eruiert, wie die Teilsysteme funktionieren und welche Eigenarten diese aufweisen. Bestimmte Probleme werden in der Politik anders gelöst, d.h. mit anderen Mitteln als in der Wirtschaft oder im System der Kultur beispielsweise. Geklärt werden muss, wie die Teilsysteme mit ihren jeweils spezifischen Eigenarten miteinander funktionieren. Eine systemtheoretisch angelegte Analyse versucht der Frage nachzugehen, wie verschiedene, als eigene Systeme definierbare und über Eigengesetzlichkeiten verfügende Teilsysteme miteinander funktionieren und was dann den Charakter eines Gesamtgesellschaftssystems ausmacht.

Bezogen auf die oben schon angesprochenen Steuerungsmedien ist zu fragen, inwieweit diese jedem Teilsystem zur Verfügung stehen, oder ob bestimmte Präferenzen (Geeignetheiten) hinsichtlich der einsetzbaren Steuerungsmedien erkennbar werden. Macht z.B. wäre ein Steuerungsmedium, das sich für die Politik am ehesten anbietet. Interessenkollisionen verschiedener gesellschaftlicher Gruppen sind immer Gegenstand der Politik, weil diese immer mit dem Steuerungsmedium Macht in Verbindung zu bringen sind. Das Teilsystem der Wirtschaft wird über Geld gesteuert. Das soziokulturelle System wird über das Medium Überzeugung gesteuert. Druckausübungsformen staatlicherseits werden entbehrlich, wenn es gelingt, Menschen für ein bestimmtes Verhalten durch Überzeugung zu gewinnen. Es spielt dabei keine Rolle, ob die Überzeugungswirkung durch Erziehung, Vereine oder Verbände erreicht wird. Politik kann alle möglichen Steuerungsmedien verwenden. Im Kontakt mit der Wirtschaft kann die Politik das Steuerungsmedium Geld verwenden. – Falls also die Politik in den Teilbereich Wirtschaft eingreifen will, kann sie zwar rechtliche Regelungen schaffen (was sie z.B. als sogenannte Ordnungspolitik auch tut), die sind allerdings nicht das bevorzugte Steuerungsmedium in der Wirtschaft, daher ist es am wirkungsvollsten, das Steuerungsmedium dieses Teilbereichs zu verwenden, d.h. Geld (Ob das wiederum unerwünschte Nebeneffekte zur Folge hat, ist dann eine politische Frage: Gelder für ABM z.B. schaffen effektiv Beschäftigung, ob und in welcher Form dies gewünscht wird, ist dann wieder eine politische, also Machfrage). Das soziokulturelle System und das Erziehungssystem kann dagegen nur das Steuerungsmedium der Überzeugung benutzen. Der soeben dargestellte funktionalistische Ansatz ist das

Ursprungsmodell der Systemtheorie. Ein anderer Protagonist der Systemtheorie, der hier noch genannt werden soll, ist Niklas LUHMANN, der für eine Verfeinerung des systemtheoretischen Funktionalismus gesorgt hat. Dieser verfeinerte Ansatz wird auch als Neofunktionalismus bezeichnet. LUHMANN hat die Funktionsmechanismen in den einzelnen Teilsystemen besser herausgearbeitet. Bei seinem Ansatz spielt der Kommunikationsbereich eine wesentliche Rolle. Jedes Teilsystem bildet bestimmte Kommunikationsmuster aus, welche im Prinzip gleichzusetzen sind mit den Steuerungsmedien. Ein weiterer Unterschied zu dem oben dargestellten Ursprungsmodell liegt darin, dass LUHMANN in den den Teilsystemen immanenten Eigengesetzlichkeiten kaum Veränderungsmöglichkeiten sieht. Das heißt, dass es praktisch gleichgültig ist, welche Maßnahmen die Politik einleitet, da sie die Teilsysteme mit ihren Maßnahmen ohnehin kaum erreichen wird. Kritisch bleibt bei dieser Sichtweise festzuhalten, dass LUHMANN die Politik zu Verwaltung macht. Politik würde sich diesem Ansatz zufolge auf die institutionelle Rahmensetzung infolge Gesetzgebung reduzieren. Dieser Ansatz passt wieder sehr gut in die Zeit. Zum Ende der 70er Jahre konnten sich die Ökonomen durchsetzen, die der Auffassung waren, der Staat solle nach Möglichkeit in die gut funktionierenden Teilsysteme nicht eingreifen, sondern nur darüber wachen, dass keine der gesellschaftlichen Gruppen oder Teilbereiche übermächtig wird. Auf einen wesentlichen Begriff in diesem Zusammenhang sollte noch eingegangen werden, gemeint ist der Begriff der „Autopoiesis". Dieser Begriff kann definiert werden mit dem dauernden Sichselbstwiedererschaffen. Alle Teilsysteme und damit das Gesamtsystem sind autopoietisch, weil sie sich dauernd selbst erschaffen, und sie ändern sich deshalb auch nicht grundlegend – Feinabstimmungen finden natürlich immer statt, deshalb handelt es sich auch um einen dauernden Prozess und keinen Zustand. Im Falle einer fundamentalen Veränderung würde sonst das Teilsystem seinen Charakter bzw. seine Eigenschaften vollkommen verlieren und damit seine Bestandskraft verlieren. In diesen Kontext sollten noch mal die Unterschiede zwischen Planung und Steuerung gestellt werden. Bei der Planung wird nicht von einem Teilsystem ausgegangen, sondern dass man eine Gesamtplanung für das gesamte System konstruiert. Das Scheitern einer solchen Planung hat das Scheitern für das gesamte System zur Folge. Wie man weiß galt diese Form der Planung im früheren Ostblock und in westlich entwickelten Nationen hatte sich das Gesamtgesellschaftssystem in mehrere Teilsysteme zergliedert, und deshalb war es auch möglich, dass es zu bestimmten Wertverschiebungen bzw. –veränderungen in den einzelnen Teilsystemen westlicher Gesellschaften gekommen ist. Als Beispiel kann dafür das Familienleitbild von Eltern und Kindern herangezogen werden. Das Familienideal hat sich verschoben auf den Wert Single oder kinderlose Ehepaare. Diese Veränderungen zeitigen aber keine Auswirkungen auf das Gesamtsystem.

In diesem Abschnitt soll nun die Macht der Ideen im Vordergrund der Überlegungen stehen. Wenn man noch mal das Steuerungsmedium der Überzeugung aufgreift, dann muss zwangsläufig der Aspekt der Ideen in den Mittelpunkt gerückt werden. Ideen sollen hier als handlungsleitende Orientierungen verstanden werden. Es ist die Frage nach der Herkunft der Ideen zu stellen. Sie entstehen und verfestigen sich auf dem Wege der Struktur- und Identitätsbildung in einem ständigen Prozess zwischen den bereichsüblichen Akteuren eines Politikfeldes oder systemtheoretisch ausgedrückt, eines Teilsystems. Diese Akteure sind zunehmend Mitglieder einer Gemeinschaft, des Wissens oder auch eines Glaubens, einer bestimmten Identität. Es ist zu verdeutlichen, wie diese Feststellung mit dem politischen Prozess in Verbindung gebracht werden kann. „Eine Grundannahme kognitiver Theorien (also auf Erkenntnis abhebender Theorien) der Politikfeldanalyse ist, dass Ideen zwar nicht unabhängig von Interessen sind, sich jedoch nicht auf diese zurückführen lassen". Das heißt, zunächst mal existieren Interessen, die den politischen Prozess bewegen bzw. bestimmen, dazwischen ist aber auch noch mal eine Stufe, nämlich die der Ideen, die auch in den politischen Prozess mit einfließen. Gefragt werden muss, wie es zu bestimmten Ausprägungen von Identitäten kommt, bzw. wie sich bestimmte epistemic communities (Wissensgemeinschaften) bilden. Zu den dabei stattfindenden Deutungskonflikten kann folgendes Zitat herangezogen werden: „Vielmehr ist zu fragen, wo die Berührungspunkte zur Wirklichkeit liegen, über die dieses Wissen erworben wird". Ein Modell für diesen Prozess ist das von SABATIER, der sogenannte Befürworter-Koalitionen definiert: Zunächst wird von einer bestimmten Wirklichkeit ausgegangen. Zudem existiert in der Gesellschaft einmal eine Öffentlichkeit von Menschen, die diskutieren bzw. kommunizieren, aber ansonsten kein spezifisches Interesse besitzen. Auf der anderen Seite existieren da aber auch noch speziellere Öffentlichkeiten, die sogenannten epistemic communities, und beide Öffentlichkeiten, einmal die interessenlose und die epistemic communities kommunizieren über ihr jeweiliges Wirklichkeitsverständnis, also es bildet sich ein bestimmtes Verständnis von der Wirklichkeit und damit auch ein sogenanntes Belief

System (Glaubenssystem im nichtreligiösen Sinn auch Überzeugungssystem). Diese beiden Gruppen kommunizieren jeweils untereinander und innerhalb der Gesellschaft. Es bilden sich Kommunikationsgeflechte. Die epistemic communities haben natürlich ein bestimmtes Ziel, d.h. sie beabsichtigen einen bestimmten Gegenstand zu untersuchen. Über solche Gespräche entstehen also bestimmte Überzeugungssysteme. Die Überzeugungsssysteme lassen sich feiner unterteilen nach Kern-, Policy-Überzeugungen und instrumentellen Orientierungen. Kernüberzeugungen Grundeinstellungen, die alle Politikfelder umfassen, also bestimmte Werte, die existent bzw. gebildet worden sind. Diese Werte sind am schwersten zu verändern, weil sie tief verwurzelt und in der Regel mit Traditionen besetzt sind. Dann existieren bestimmte Handlungsorientierungen und Strategien, d.h. sie sind auf bestimmte Ziele hin gerichtet, diese werden als Policy-Überzeugungen bezeichnet. Diese sind so schon eher veränderbar. Und auch noch mit hineinspielend, aber eigentlich nicht mehr zu den Überzeugungen gehörend, sind die sekundären Aspekte des instrumentellen Handelns und der Implementation. Das heißt, wenn bestimmte Ziele erreicht werden sollen, dann müssen bestimmte Mittel angewendet werden, die sich sachlich ergeben. Diese sekundären Aspekte sind also eher untergeordnete Aspekte, weil sie nicht zu den Überzeugungen zu zählen sind. Sie können als Handlungsnotwendigkeiten beschrieben werden. Über die so gebildeten Überzeugungssysteme ergeben sich dann im weiteren Schritt bestimmte Problemdeutungen, d.h. ein bestimmter Sachverhalt wird erst einmal als Problem aufgefasst und dann aber auch in einer bestimmten Art und Weise aufgefasst, weil eben Überzeugungen vorher schon gebildet worden sind, die dazu beitragen, das Problem in einer bestimmten Weise wahrzunehmen. Im Falle der epistemic communities kommt es auch zur Bildung einer advocacy coalition (Advokaten- oder Befürworterkoalition), weil diese sich mit einem bestimmten politischen Problemfeld beschäftigen und aufgrund bestimmter Ideen, die innerhalb eines Überzeugungssystems gebildet worden sind (bestimmte Problemdeutung), sich für eine bestimmte Lösung entscheiden. Zum konkreten Ablauf nach diesem Modell von SABATIER bleibt festzuhalten, dass Veränderungen von Kernüberzeugungen oder Policy-Überzeugungen relativ gering sind, bei Krisen neigen die meisten Menschen zu dem Verhaltensmuster, auf althergebrachte Werte zurückzugreifen. Des Weiteren ist davon auszugehen, dass Veränderungen gering sind, wenn neue Beteiligte hinzukommen. Der zu einem bestimmten Glaubens- oder Überzeugungssystem gehörende Personenkreis versucht zunächst mal dieses bekannte System unter allen Umständen aufrechtzuerhalten, bevor dieses neue Anstöße von neuen Mitgliedern aufnimmt. Die Faktoren, die dann doch eine Veränderung von Überzeugungen herbeiführen können, sind Erfahrungen oder Diskurse. „Unter Unsicherheit treten Ideen, politisch-kulturelle Orientierungen, diskursive Problemlösungen (policy-Diskurse), in den Vordergrund. Die Herstellung politikrelevanten Wissens erscheint dann vordringlicher als die Durchsetzung von Interessen in Abstimmungen und Verhandlungen". Das heißt, je weniger eindeutige Interessen formulierbar werden, desto größer ist auch der Einfluss von Deutung und Wertorientierung bzw. Überzeugung.

Wichtig ist hierbei der Interessenbegriff, der im Folgenden abgehandelt werden soll. Nach Max WEBER stellt das Interesse ein „dauerhaftes Streben nach Machtanteil" dar. Die Rückkopplung dieser Definition an Deutungskonflikte ergibt, dass die politischen Interessen diejenigen sind, die auf Deutungs- und Gestaltungsmacht im politischen Prozess hinzielen und dazu sollen Einfluss und Einflusspositionen dort genutzt werden. Das beinhaltet natürlich auch die Nützlichkeit der Schaffung bestimmter Institutionen, weil über die am besten Einfluss und Einflusspositionen verwirklicht werden können. Dort kann man nach bestimmten Regeln dauernd Interessen durchsetzen bzw. man kann eine bestimmte Deutungsmacht ausbilden, z.B. eine bestimmte Programmatik einer Partei.

Das Advocacy-Modell lässt sich auf viele Untersuchungsobjekte anwenden. Man muss zunächst herausfinden, was bei einem bestimmten Untersuchungsobjekt die epistemic community darstellt, d.h. ob das zu Untersuchende bereits ein Sachverhalt (ein issue) ist, mit dem sich bestimmte Gruppen von Personen in erster Linie beschäftigen. Dann müssen die Grundüberzeugungen bzw. Kernüberzeugungen dieser Wissensgemeinschaften herausgearbeitet werden, und es muss herausgefunden werden, welche der Überzeugungen vielleicht im Verlaufe des politischen Prozesses noch hinzutreten und inwieweit Öffentlichkeit noch mit hineinspielt. Außerdem muss die Frage beantwortet werden, wie es zur Ausbildung eines bestimmten Überzeugungssystems kommt, und dann kann sozusagen festgestellt werden, wie bei einem bestimmten politischen Problem die Problemdeutung und Problemlösung aussieht, die eine Wissensgemeinschaft mit einem bestimmten Überzeugungssystem anbietet.

Der theoretisch-methodische Teil der angewandten Politikfeldanalyse soll nun abschließen mit den Lernprozessen in der Politik. Es existiert eine Kontroverse zwischen den Funktionalisten, die Gesellschaft als bestehendes Kommunikationsgeflecht sehen, das auch kaum zu ändern ist und immer über Eigengesetzlichkeiten in jedem Teilsystem verfügt, und den Protagonisten der Kritischen Theorie (z.B. HABERMAS), die Möglichkeiten sehen, auch so zu handeln, dass bestimmte Eigengesetzlichkeiten durch bessere Einsicht überwunden werden können. Diese Einsicht kann sich in Diskursen bzw. in bestimmten kommunikativen Situationen, nämlich in herrschaftsfreien, herausbilden. Die Anhänger von HABERMAS behaupten, dass Diskurse möglich sind, auch wenn sich diese mitunter als schwierig erweisen. Die Funktionalisten entgegnen daraufhin, dass Diskurse zum Scheitern verurteilt sind. Anknüpfend an das Modell von SABATIER zu den Problemdeutungen soll der Ansatz des Konstruktivismus kurz umrissen werden. Die Konstruktivisten stellen fest, dass bestimmte Problemwahrnehmungen zunächst mal existieren; diese werden aber auf eine bestimmte Art und Weise gebildet und stellen mithin eine bestimmte Deutungsleistung dar. Das heißt, es wird sozusagen eine bestimmte subjektive soziale oder objektive Wirklichkeit gedeutet. Die Subjektivität wird durch eine bestimmte Identitätsdefinition einer bestimmten Person verkörpert, und die Sozialität drückt das eigene Ich in einer bestimmten Gesellschaft aus. Diese so entstehenden Deutungsleistungen führen wiederum zu einem bestimmten Wissen. Mit dem Wissen ist dann auch eine bestimmte Problemdeutung verbunden. Aufgrund einer bestimmten Problemdeutung kommt es zu einer bestimmten Handlungsweise. Bei SABATIER würden an dieser Stelle die Befürworter-Koalitionen hinzutreten. Die Konstruktivisten lassen diese Stelle offen; es kommt irgendwie zu einer bestimmten Handlung. Die entscheidende Frage ist nun, was passiert, wenn die Handlung nicht zum gewünschten Erfolg führt, d.h. scheitert. Die Konstruktivisten behaupten, dass ein solches Scheitern Lernprozesse auslösen kann. Diese Hypothese wird von den Konstruktivisten wie folgt begründet: Eine bestimmte Problemdeutung beruht auf einer bestimmten Deutungsleistung. Es ist dabei durchaus möglich, dass diese Deutung falsifiziert werden muss, d.h. ein bestimmter Sachverhalt sich anders darstellt als dieser vorher beurteilt worden ist. In einem solchen Fall könnte vielleicht durch eine andere Deutung eine angemessenere Handlungsweise gefunden werden. Dieser Umstand wäre als Lernprozess zu charakterisieren, der so erklärt werden könnte. Als wichtige Vertreter des

Konstruktivismus sind BERGER und LUCKMANN zu nennen. Interessant ist natürlich auch die Frage, unter welchen Bedingungen sich Deutungsprozesse überhaupt entfalten können: Zunächst mal durch ein gewisses Maß an Freiheit und außerdem durch einen Austausch von Intersubjektivitäten. „Die divergenten Beziehungen, die politische Akteure zur objektiven, subjektiven und sozialen Welt aufnehmen, sind nicht beliebig. Nur rationale, intersubjektiv belastbare Deutungen können im freien Diskurs auf Dauer bestehen." Bei dieser Feststellung wird angeknüpft an bestimmte Bedingungen, unter denen Kommunikation stattfinden muss, damit diese in angemessene Deutungen oder Deutungsleistungen münden, die dann zu erfolgreichen Handlungen führen können.

Ergänzend zum theoretisch-methodischen Teil der angewandten Politikfeldanalyse bleibt festzuhalten, dass die Gefahr besteht, dass man Methodik überbewerten kann und damit der eigentliche Gegenstand in Vergessenheit gerät. „Im schlimmsten Fall erhält man Methodenartefakte, d.h. Erklärungen, die aus der Arbeitsweise herrühren, in denen aber die Wirklichkeit eines untersuchten Gegenstandes nur noch verzerrt enthalten ist". Jeder Wissenschaftler sollte diese Einsicht in seinem Bewusstsein verankern. Der Gegenstand bestimmt die Methode und nicht umgekehrt.

Nun soll gezeigt werden, wie man bestimmte Politikfelder mit bestimmten theoretisch-methodischen Ansätzen bearbeiten kann. Es soll also ein exemplarischer Überblick gegeben werden. Beginnen soll die Analyse mit zwei Erklärungsansätzen: 1. Institutionelle Hemmnisse, 2. Inkompetenz der politischen Akteure. In der ersten von CZADA gemachten Erklärung stellt er fest, dass Akteure zunächst versucht haben, bestimmte neuartige politische Maßnahmen auszuprobieren und dann nachdem diese Maßnahmen scheiterten wieder auf das althergebrachte politische Instrumentenrepertoire zurückgegriffen haben; der erste Erklärungsansatz wird somit von CZADA mit Blick auf das tatsächliche Verhalten der Akteure verworfen. Bei der zweiten These, die CZADA zwar nicht grundsätzlich verwirft, bekundet CZADA seine Ansicht, dass diese These wieder relativiert wird. Diese Sichtweise lässt sich nur verstehen, wenn man sich noch mal den Umstand vor Augen führt, dass in Krisensituationen besonders von Kernüberzeugungen nicht abgerückt wird, lediglich Mittel und Ziele werden ggf. in Frage gestellt.

Bei einer angewandten Politikfeldanalyse könnte man sich der Methode des Input-Output-Modells bedienen. Wie bereits angesprochen, lassen sich bestimmte Akteurskonstellationen, bestimmte Polities feststellen. Ferner ist eine bestimmte

Problemwahrnehmung anzutreffen, die letztlich den Input bildet, und ein bestimmter beobachtbarer Output lässt sich erkennen, also ein bestimmtes Politikergebnis. Die Aufgabe des Politikwissenschaftlers liegt nun darin zu erklären, wie dieses Ergebnis zustande kommt, damit würde der Politikwissenschaftler mit seinem Anliegen bei der Phase der Formulierung politischer Programme und der Implementationsphase des Politikzyklus-Modells ansetzen. Dieses Input-Output-Modell soll übertragen werden auf die Finanzierung der deutschen Einheit. Dazu soll zunächst mal ein kurzer geschichtlicher Abriss erfolgen: In den Jahren 1990 bis 1992 wurde der Solidaritätszuschlag aufgelegt, die geplanten Steuersenkungen wurden verzögert. Zu dieser Zeit befand sich Deutschland in einer recht guten konjunkturellen Situation, und auch die Steuereinnahmensituation in dieser Zeit kann als komfortabel eingeschätzt werden, aber auch die Neuverschuldung schritt langsam voran. Ab 1993 verschlechterte sich die wirtschaftliche Situation in Deutschland. Die konjunkturelle Situation war nicht mehr so günstig wie vorher, der Solidaritätszuschlag wurde bis heute aufrechterhalten, und die Neuverschuldung stieg mehr und mehr, was die gegenwärtigen Finanzbudgetprobleme erklärt. Neu hinzugekommen ist zum damaligen Zeitpunkt eine geänderte Verteilungspolitik hin zum innerstaatlichen Finanzausgleich. Dieser bezieht sich auf den Finanztransfer von West nach Ost und zwar auf unterschiedlichen Ebenen, einmal vom Bund hin zu den Ostländern, von den westlichen Bundesländern zu den neuen Bundesländern des Beitrittsgebietes und zwischen den westdeutschen Kommunen und den ostdeutschen Kommunen. Im nächsten Schritt soll nun auf bestimmte politische Programme im Zusammenhang mit der Vereinigungspolitik eingegangen werden. Zwei Programmalternativen sollen in diesem Zusammenhang vorgestellt werden. Diese kommen aus dem Wirtschaftsministerium und aus dem Finanzministerium. Das Wirtschaftsministerium war seinerzeit von der FDP und das Finanzministerium von der CDU besetzt. Das Wirtschaftsministerium hat vorgeschlagen, eine Sondersteuerzone Ost einzurichten, d.h. dort sollte die Steuerlast für Unternehmen geringer sein. Der zweite Vorschlag, lag in dem direkten Subventionsabbau, mit dem Ziel zur Besserstellung der im Osten ansässigen Unternehmen, indem bei westdeutschen Unternehmen im Subventionsbereich gespart worden wäre. Das Finanzministerium erarbeitete einen Alternativvorschlag, der letztlich auch umgesetzt worden ist: Die Verbrauchssteuern sollten erhöht werden, der Solidaritätszuschlag sollte eingeführt werden, der eine Sondersteuer für Arbeitnehmer darstellt, und

Steuerausnahmen, d.h. Steuerprivilegien sollten abgebaut werden. Der letztgenannte politische Maßnahmevorschlag kann als indirekter Subventionsabbau bezeichnet werden. Unter indirekten Subventionen versteht man die Einräumung von erniedrigten Steuersätzen für bestimmte Unternehmen (beispielsweise die energieintensiven Unternehmen zahlen weniger Steuern). Das Finanzministerium hat also die ostdeutschen Unternehmen nicht besser stellen wollen, sondern dieses hat in Kauf genommen, dass vor allem westliche Arbeitnehmer schlechter gestellt wurden z.b. durch Erhöhung von Verbrauchssteuern und durch die Einführung des Solidaritätszuschlages. Diese Ausführungen beziehen sich auf die innerstaatliche Ebene. Jetzt werden die vereinigungspolitischen Maßnahmen im Hinblick auf die EU-Ebene verdeutlicht. Auch in diesem Zusammenhang existierten verschiedene Vorschläge: Wie schon erwähnt hat die Bundesrepublik Deutschland die Einheit auch durch Neuverschuldung finanziert. Dadurch wurde ein relative Hochzinspolitik betrieben, d.h. wenn man sich neu zu verschulden beabsichtigt, muss irgendwoher das Kapital beschafft werden. Dieses Kapital kann aber nur erworben werden, wenn man den Anlegern etwas bietet, nämlich hohe Zinsen. Das heißt also, es müsste im europäischen Vergleich eine relative Hochzinspolitik veranstaltet werden. Das hat aber im Hinblick auf das europäische Währungssystem auch wieder währungspolitische Folgen, nämlich, dass die D-Mark aufgewertet werden müsste. Im Falle von exportorientierten Unternehmen bedeutet dies einen erheblichen Auftragsrückgang, weil deutsche Waren auf den internationalen Märkten einfach zu teuer werden. Die EU hat dagegen ein Alternativprogramm vorgeschlagen: Die EU forderte eine starke Lohnzurückhaltung, also keine Lohnsteigerung sondern tatsächlich einen Reallohnverzicht. Über die so freigewordenen Mittel kann dann investiert werden und ein Aufschwung Ost in Gang gesetzt werden. Vor allem die westdeutschen Arbeitnehmer sollten sich im Reallohnverzicht üben. Es ist nicht zum Aufschwung Ost gekommen, sondern es wurden teilweise Unternehmen aufgekauft. Dadurch haben sich westdeutsche Unternehmen ihrer potenziellen Konkurrenz im Osten entledigt. Es wurden also in diesem Abschnitt die jeweiligen politischen Programme, die bestimmten Ebenen zugeordnet werden müssen, erläutert. Wie schon erwähnt wurde die deutsche Einheit über Neuverschuldung finanziert, des Weiteren fand eine Umverteilung im Länderfinanzausgleich statt und zwar zwischen dem Bund, den Ländern und den Kommunen. Das soeben Beschriebene stellt den sogenannten sichtbaren Finanzausgleich dar. Es wurde aber auch ein sogenannter versteckter Finanzausgleich, nämlich durch die Bundesanstalt für Arbeit (BA), praktiziert. Dieser funktionierte in der Weise, dass Arbeitslosengeld und Arbeitslosenhilfe aufgeteilt wurde nach dem Kriterium der Bedarfsausrichtung. Da im Osten ein hoher Bedarf an diesen Leistungen zu verzeichnen war, wurden in einem hohen Ausmaß Arbeitslosengelder und Arbeitslosenhilfegelder umverteilt zugunsten des Beitrittsgebietes.

Insgesamt wurden ungefähr 100 Milliarden DM von 1993 bis 1995 in den Osten transferiert, davon ungefähr zwei Drittel vom Bund, drei Prozent von den Westländern und ungefähr zehn Prozent von den westlichen Gemeinden und die restlichen 20 % wurden durch Neuverschuldung finanziert. Aus diesen Zahlen lässt sich entnehmen, dass sich die Länder bei diesem Länderfinanzausgleich relativ schadlos gehalten haben. Also wurde die deutsche Einheit im Wesentlichen durch Neuverschuldung und Steuererhöhungen durch den Bund (höhere Verbrauchssteuern, Solidaritätszuschlag) finanziert. Die westlichen Gemeinden können als die großzügigsten Geber beim Länderfinanzausgleich angesehen werden. Die Länder im Osten haben ungefähr 64 % bekommen und die Gemeinden im Osten 36 %.

Im Hinblick auf die Politikimplementation wurde eine Strategie gewählt, die parlamentarisch gar nicht legitimiert war. Der normale Weg wäre der gewesen, dass Parteien im Bundestag oder in den Landtagen die Gesetzgebung entwickelten und bei Nichteinigung den Vermittlungsausschuss einschalteten. Aber dieser normale Weg wäre auch umständlich gewesen, wenn dieser auch der demokratischere gewesen wäre. Deshalb hat die Bundesregierung zunächst mal das Parlament umgangen, d.h. es wurden Einigungen auf Regierungsebene versucht zu erzielen zwischen Bund und Ländern. Der Bund fungierte als Hauptgeldgeber und die Länder des Ostens waren die Empfänger. Parlamente hatten insoweit letztlich nur das ratifiziert, was die Exekutiven der jeweiligen Ebenen (Bund, Länder) verabschiedet haben. Von daher kann wirklich festgestellt werden, dass in Deutschland ein Exekutivföderalismus praktiziert worden ist, d.h. die Exekutiven bestimmten die föderale Gesetzgebung, und die Parlamente waren dann zur Zustimmung verdonnert.

Bei der Durchführung der Vereinigungspolitik haben die politischen Akteure zunächst gewünschte Ergebnisse festgesetzt, um dann nach geeigneten Verfahrensweisen zur Erreichung solcher Resultate zu suchen. Es kann also festgestellt werden, dass das Ergebnis die Methode bestimmte, obwohl diese Vorgehensweise als demokratietheoretisch äußerst bedenklich charakterisiert werden muss. Die politischen Akteure wählten demokratietheoretisch bedenkliche Verfahrensweisen, um das gewünschte Ergebnis auf schnellstmöglichem Wege zu erreichen. Die Konfliktparteien stammen aus der Exekutive (Regierungskoalition und Oppositionsparteien). Zwei programmatische Alternativen standen sich gegenüber, einerseits auf Regierungsseite, Einsparung bei den Sozialleistungen, mehr Investitionen durch Zurverfügungstellung von Kapital, dabei allerdings keine direkten Subventionskürzungen. Die Opposition hat sich im Gegenteil für die Gleichbehandlung der Arbeitnehmer eingesetzt und im Gegenzug für einen direkten Subventionsabbau plädiert. Die Regierung hat sich letztendlich durchgesetzt mit ihrem Programm, und der Preis dieses gewählten Programms war die Notwendigkeit, zunächst Kapital zu beschaffen, um dieses dann wieder anbieten oder selbst einsetzen zu können. Das Kapital wurde einerseits durch Steuererhöhungen, aber eben auch andererseits durch Neuverschuldung beschafft. Man könnte nun zu der Vermutung kommen, dass es sich bei der Entscheidung für diese eine Programmalternative um die Lösung parteipolitischer Konflikte handelte. Diese Vermutung ist allerdings nicht zutreffend, weil parteipolitische Gesetzgebung umgangen werden konnte, indem Parteien schlicht weg nicht informiert oder verspätet informiert wurden. Damit wurden potenzielle Konflikte oder Konfliktkonstellationen erst mal neutralisiert. Auch dazu beigetragen hat, dass große Koalitionen in einzelnen Ländern existierten. Das heißt, es konnte schnell eine Einigung herbeigeführt werden. Zudem waren alle Beteiligten der Meinung, dass wenn keine Einigung zustande gekommen wäre, die Kosten für alle Beteiligten sehr viel höher gewesen wären. Wenn also beispielsweise die Bundesländer blockiert hätten, dann wären auch die Kosten für diese Länder zu hoch gewesen. Deshalb wurde eben zur Vermeidung unnötig hoher Kosten ein nicht so optimaler Kompromiss in Kauf genommen.

Zu fragen ist also nun, wie kann man ein bestimmtes Ergebnis innerhalb eines Politikzyklus erklären. Die erste These, die CZADA zurückgewiesen hat, war die von den institutionellen Hemmnissen, und die zweite, die zumindest relativiert worden ist, war die von der Kompetenz-Schwierigkeitslücke. Wichtig bleibt festzuhalten, dass im Bereich dieses Politikzyklus, die Institutionen umgangen worden sind. „Die Prognose eines institutionellen Reformdrucks ist widerlegt worden, sie beruhte offenkundig auf einer falschen Einschätzung des situativen Anpassungsprozesses im Akteurssystem. Darüber hinaus ließe sich verallgemeinern: Wo drängende Probleme auf höchster politischer Ebene im Wege eines situationsspezifischen, außerinstitutionellen Verfahrens gelöst werden, stehen institutionelle Reformen nicht zur Debatte". Das heißt, wenn Institutionen umgangen werden können, brauchen die Institutionen nicht verändert werden, und es können so Ergebnisse zustande kommen, die nicht über den üblichen Weg erbracht werden.

Dezentrale Lenkungssysteme ermöglichen eine zweckrationale Beeinflussung der Institutionen, d.h. jedes Ziel ist erreichbar, wenn formal Institutionen umgangen oder übergangen oder nicht informiert werden. Im Rahmen des Exekutivföderalismus sollten Konflikte mit den Parteien vermieden werden. Beurteilt man diesen Vorgang aus systemtheoretischer Sicht würde man hier von einer gelungenen Autopoiesis sprechen. Das ist genau der Unterschied zu zentral geleiteten Systemen, d.h. diese Systeme determinieren. Dort ist eine Flexibilität im Sinne eines Lern- und Anpassungsprozesses nicht möglich. Erreichen diese zentralistischen Systeme ihre Ziele nicht, werden diese umgewandelt, was dann aber auch zum Verlust der diesen Systemen immanenten Grundcharakteristika führt. Diesen Vorgang würde man dann aus systemtheoretischer Sicht als misslungene Autopoiesis bezeichnen. Indem man diese zentral gesteuerten Systeme zu dezentral gesteuerten Systeme verwandelt, würden diese ihre Grundeigenschaften verlieren. Mit diesen soeben beschriebenen Fakten wurde die Finanzierung der Ostpolitik am Input-Output-Modell illustriert.

Nun soll im Rahmen der deutschen Vereinigung die Arbeitsmarktpolitik im Vordergrund stehen und mit Hilfe des Modells der Befürworterkoalitionen analysiert werden. „In der arbeitsmarktpolitischen Arena stehen sich zwei größere Akteursgruppen gegenüber, von denen eine staatliche Eingriffe in den Arbeitsmarkt befürwortet, die andere aber steuernde Interventionen prinzipiell ablehnt. Hier stehen sich zwei wirtschaftspolitische Glaubenssysteme (belief-systems) gegenüber, deren Verfechter in Befürworterkoalitionen (advocacy-coalitions) verbunden sind." Das heißt, das Modell, das im Hintergrund steht, ist einmal der sozialdemokratische Ansatz, das klassisch sozialdemokratische Modell, das Staatsinterventionen gutheißt und das wirtschaftsliberale Modell, welches Märkte sich selbstregulierend überlässt. Man hat es hier mit verschiedenen belief-systems zu tun, die mit bestimmten politischen Programmen verbunden sind. In Lernprozessen kommt die Einsicht zum Tragen, dass sich bestimmte gewünschte Effekte nicht erreichen lassen, die dann auf das belief-system rückwirken. Man spricht hier von einem politikinhalteorientierten Lernen (policy-orientated learning) Politikinhalte bestimmen zunächst mal, wie bestimmte Problemlösungen in Angriff genommen werden und wenn das Ziel steht, ist es möglich, dass in Lernprozessen bestimmte Politikinhalte geändert werden. „Die wesentlichen Instrumente der Arbeitsmarktpolitik in den neuen Bundesländern waren: Kurzarbeit, Frühverrentung, Fortbildung und Umschulung, Lohnsubvention in Treuhandbetrieben, Arbeitsbeschaffungsmaßnahmen, Lohnersatzleistungen, Arbeitsvermittlung. Hinzu kommen die indirekten arbeitsmarktpolitischen Wirkungen der allgemeinen Wirtschafts-, Sozial- und Gesellschaftspolitik, insbesondere: Förderprogramme zum „Aufbau-Ost", Privatisierung von Reproduktionsfunktionen". Erstaunlicherweise wurde die Frühverrentung in Ostdeutschland von Modrow eingeführt, bereits 1990 dann modifiziert übernommen erst durch die Bundesanstalt für Arbeit dann durch die Rentenversicherung. Zu den Arbeitsbeschaffungsmaßnahmen (ABM) in den neuen Bundesländern existierten unterschiedliche Meinungen: Die Befürworter von ABM sahen diese als produktive Arbeit an und wenn man diese Kosten mit den Kosten bei Arbeitslosengeldzahlungen vergleicht, dann sind die ABM-Kosten geringer. Die Gegner von ABM sahen in solchen Maßnahmen eine Marktverzerrung, weil in diesem Rahmen Arbeit angeboten wird, die nicht marktgängig ist, und es kommt so zu Wohlfahrtsverlusten. Die Befürworter von ABM favorisieren ein Staatsinterventionsmodell ganz im Sinne der SPD bzw. der klassischen Sozialdemokratie. Die Gegner von ABM favorisieren dagegen einen wirtschaftsliberalen Denkansatz. In der Etablierung von Beschäftigungsgesellschaften sah man schließlich ein arbeitsmarktpolitisches Instrument, das sowohl sozialdemokratische wie auch wirtschaftsliberale Vorstellungen berücksichtigte: Die Beschäftigungsgesellschaften sorgten für die Qualifizierung der Arbeitnehmer, die dann in den ersten Arbeitsmarkt einmünden konnten. Beschäftigungsgesellschaften würden aus betrieblicher Sicht eine Entlastung für die Unternehmen hinsichtlich der Lohnkosten bedeuten, weil die Treuhandanstalt diese übernimmt. Dadurch könnten besser ausgebildete Belegschaften für die Unternehmen entstehen. Diese Wirkungen von Beschäftigungsgesellschaften auf dem Arbeitsmarkt legen den Schluss nahe, dass dieses Instrument nun eher vereinbar war mit liberalen Kernüberzeugungen als das Instrument der Arbeitsbeschaffungsmaßnahmen. Der Ansatz der

Beschäftigungsgesellschaften unterscheidet sich nicht groß von sozialdemokratischen Arbeitsmarktpolitikvorstellungen, aber auch die Liberalen konnten diesen Wandel der Arbeitsmarktpolitik hin zu Beschäftigungsgesellschaften gut verschmerzen. Zusammenfassend lässt sich also folgendes festhalten: Zunächst mal muss von einer Krise, von einem Umbruch ausgegangen werden. Die Veränderungen, die stattgefunden haben, sind für beide beteiligten Akteure mit ihren jeweiligen Kernüberzeugungen am ehesten verschmerzbar, weil ansonsten wegen der Krise eine Lösung der arbeitsmarktpolitischen Probleme nicht erzielt worden wäre.

Im nun folgenden Teil geht es um die vergleichende Analyse sektoraler Transformationspfade. Der Vergleich ist eine wissenschaftliche Vorgehensweise und wird auch in der Politikwissenschaft angewandt. CZADA zählt zwei verschiedene Formen des Vergleichens auf, einmal eine Theorie auf gegründeten Dauervergleichen von Daten (grounded theory und konstanter Vergleich). Diese ermöglichen eine weitgehend, von komplexen Theorien unterstützte Rekonstruktion breiter oder in die Tiefe gehender Ausschnitte der Wirklichkeit oder aber in der Form elaborierter quantitativer Analysen – diese erlauben den Vergleich möglichst vieler Fälle für eine begrenzte Anzahl von Merkmalen oder Variablen. Sodann soll eine vergleichende Analyse zwischen der ehemaligen DDR bzw. die Transformation der DDR und Westdeutschland durchgeführt werden. Vorweg sollte auf folgende Feststellung hingewiesen werden: Ein internationaler Vergleich von anderen Ländern zu dieser Transformation in diesem Falle ist nicht gegeben, weil hier nichts Vergleichbares gegeben ist, daher bleibt nur der Vergleich zwischen Ost- und Westdeutschland. Bei diesem Vergleich sollen drei verschiedene Wirtschaftssektoren unterschieden werden, die eine eigene Transformationstypik aufweisen. Zu nennen sind die Dienstleistungsbranchen, großtechnische Infrastruktursektoren und marktnahe Industriesektoren. Die marktwirtschaftliche Umwandlung der Dienstleistungsbranchen verlief relativ rasch und beinhaltete im Wesentlichen eine Gebietserweiterung, also von Westdeutschland nach Ostdeutschland, z.B. dass Einkaufszentren bevorzugt in Randgebiete der Städte gelegt wurden genauso wie das in Westdeutschland auch schon seit Jahren der Fall ist. Unter den großtechnischen Infrastruktursektoren sind Bereiche wie Telekommunikation, Energieversorgung, Wasserwirtschaft zu fassen. Diese Bereiche stellen quasi öffentliche, netzgebundene Güter bereit und sind vergleichsweise staatsnah organisiert, d.h. dass regulative Vorgaben vorhanden sind, öffentliche Direktbeteiligungen, und vor allem kartellförmige Selbstorganisation sind dort anzutreffen. Dadurch konnten z. B. im Energiesektor die Möglichkeit von Verhandlungen, die in vielen Industriesektoren nicht gegeben war, zustande kommen. Noch interventionsfreundlicher sind reine Monopolstrukturen wie der Kalibergbau, dessen Transformation durch einen einzigen umfangreichen Privatisierungsvertrag der Treuhandanstalt mit dem westdeutschen Unternehmen „Kali und Salze" geregelt wurde. Die zuletzt zu nennenden marktnahen Industriesektoren stehen in krassem Gegensatz zu den vorher genannten Wirtschaftssektoren. Dazu zählen z.B. der Maschinenbau oder sensible Branchen wie die Stahl- und Schiffbauindustrie. Sie produzieren Güter, die weltweit gehandelt werden und die Exportbasis der neuen Bundesländer bilden sollten. Das Ziel eines raschen industriellen Aufholprozesses ist von allen Transformationszielen am wenigsten erreicht worden. Insgesamt zeigen die Transformationsverläufe benachbarter Wirtschaftszweige der verarbeitenden Industrie gravierende Unterschiede. Daraus ist der Schluss zu ziehen, dass eigentlich kein einheitliches Bild in diesen Industriezweigen zu sehen ist. Eine weitere interessante Frage, auf die nun einzugehen ist, sind die Besonderheiten der Industrietransformation. Es sollen also in diesem Abschnitt gravierende Unterschiede der Transformationsabläufe erklärt werden. Eine Besonderheit stellt die Tragik der Industrietransformation dar, weil hier die Überlegenheit des westdeutschen Vorbilds am deutlichsten hervortreten sollte, zum anderen weil ein Scheitern des industriellen Aufbaus Ost das Erreichte in allen anderen Sektoren in Frage stellt. Ohne ökonomische Basis erscheinen Infrastrukturinvestitionen im Verkehrs-, Energie-, Bildungs- und Kommunikationswesen überzogen und ökonomisch nutzlos. Die Transformation der Industrie zeigt sich als eine langwierige Geschichte, deren Dauer zwischen 15 und 70 Jahren liegen kann. Eine wichtige Rolle spielen dabei die Bundesregierung, die neuen Bundesländer und auch die Europäische Ebene. Eine weitere Besonderheit stellt die Rolle des Marktes dar, weil viele Industriezweige marktabhängig sind, und einige Konzepte nicht zum Erfolg führten und die Transformation oft zu einem Problem gerade der Arbeitsmarkt-, Tarif-, Sozial- und Industriepolitik, die auch wiederum europapolitische und ordnungspolitische Aspekte einschloss, führte. Dieses sektorielle Konzept reicht nicht zur Erklärung von Transformationsverläufen aus und verlagerte sich durch die anhaltende Staatsintervention auf die Politikfelder, welche ähnlich behandelt wurden wie in Krisen in Westdeutschland. Der industrielle Umbau folgt nicht nur der sektoralen Institutionslogik einzelner Wirtschaftsbranchen sondern einer allgemeinen Marktlogik und setzt politischem Handeln viel engere und anders geartete Grenzen. Durch die aufeinanderfolgende ökonomische, politische und administrative Integration wurden eine Reihe alternativer Transformationspfade für immer versperrt. Bestimmte Steuerungsinstrumente wie Währungs-, Außenwirtschafts-, Industriestruktur- oder Tarifpolitik standen für den Aufbau Ost nicht mehr zur Verfügung, weil man das westliche Politikmodell auf den Osten einfach übertrug. In einem nächsten Schritt soll dargelegt werden, wie sich die Transformation in den verschiedenen Wirtschaftssektoren vollzogen hat. Zu dem universitären und außeruniversitären Forschungssektor beispielsweise sind folgende Aussagen zu machen: Viele ostdeutsche Hochschulen beabsichtigten sich an dem westdeutschen Modell zu orientieren, aber es existierten auch im außeruniversitären Forschungsbereich viele Betroffene, die eine solche Orientierung ablehnten, sich aber trotzdem der Angleichung anpassen mussten. Im Hinblick auf den Bankensektor ist festzustellen, dass dieser ein staatsferner Sektor ist, dessen Eingliederung in die herkömmliche Struktur der Bundesrepublik reibungslos vonstatten ging. Dieser Vorgang kann größtenteils mit ökonomischen Anreizstrukturen und institutioneller governance erklärt werden. Ausnahmen bei diesen verschiedenen Wirtschaftszweigen bildet der Agrarsektor. Diese agrarische Genossenschaftsstruktur ist weitgehend im Osten erhalten geblieben, weil viele Genossenschaftsbauern die Vorteile arbeitsteiliger Produktion nicht aufgeben wollten. LEHMBRUCH und MAYER erklären diesen Zusammenhang mit der Abkehr des deutschen Bauernverbandes und mit der Existenz eines aus DDR-Zeiten stammenden Verbandes, der sich „Gegenseitige Bauernhilfe" nennt. Der DBV hat aus organisationspolitischen Gründen diesen Verband kopiert und notgedrungen seine Programmatik der neuen Lage angepasst. Im Zusammenhang mit der Transformation des Energiesektors hat sich ein Stromstreit entwickelt, der auf der Gegensätzlichkeit der Stromverträge 1990 herrührte, der westdeutschen Markführern eine Monopolstellung versprach, die nicht zu dem damals, d.h. noch vor 1990 entstandenen Kommunalvermögensgesetz der letzten DDR-Regierung passte, und dieses Gesetz verkörpert das Leitbild einer Stromversorgung als öffentliche kommunale Aufgabe. Nur aus diesem Stromstreit konnte ein materieller Kompromiss entstehen. Wichtig ist festzuhalten, dass eine parallele Gesetzgebung stattgefunden hat, eigenständig in der damaligen DDR entstanden, die auch in Westdeutschland im Prinzip schon Verträge gemacht hat mit irgendwelchen Versorgungsunternehmen. Beide Verträge bestehen nebeneinander, ohne dass irgendwie Mittel existent sind, um bestimmte Abmachungen für gültig bzw. weniger gültig zu erklären. Deshalb muss ein materieller Kompromiss gefunden werden, rechtlich kann dieser Normenkonflikt aber nicht gelöst werden sondern nur durch informale Einigung. Im Falle der Stahl- und Werkstoffindustrie zwangen sozial- und arbeitsmarktpolitische Gründe zum Erhalt und Ausbau von Produktionsstätten. Diese wurden unter Einsatz öffentlicher Mittel so weit modernisiert, dass sie künftig marktfähig sein könnten, wenn die marktwirtschaftliche Transformation in Ostdeutschland und in den übrigen mittel- und osteuropäischen Reformstaaten insgesamt zum Erfolg führt. Also man hoffte, dass von dort eine große Nachfrage in absehbarer Zeit bestehen würde und das aus diesem Grunde auch die BRD so erpicht ist, dass diese Länder in die EU aufgenommen werden.

Es ist auch auf die abweichenden Regelsysteme in den Landesteilen Westdeutschland und Ostdeutschland zu verweisen. Zu nennen sind hier das Gesellschaftsrecht, die Managementpraktiken, die Steuerveranlagung, das Sozialrecht. Die Distanz zwischen Sozialismus und Kapitalismus war hier größer als in vielen anderen Bereichen der Staatsverwaltung. Aus diesem Grunde war es wahrscheinlich auch schwieriger, westdeutsche Rechtsmodelle den ostdeutschen Rechtssystemen überzustülpen. Diese Schwierigkeit offenbart sich eindrucksvoll auf den Stromstreit, weil im Prinzip schwer zu entscheiden darüber ist, welches Gesetz – ostdeutsches oder westdeutsches – gültiger ist. Letztlich konnte dieses Problem nie richtig gelöst werden, weil z.B. sich die ganzen Gesetze aus der BRD sich zum Teil auch mit den Gesetzen, die in der damaligen DDR gemacht wurden, widersprachen und daher konnte auf rechtlicher Ebene keine Einigung erzielt werden. Gerade im Sozialrecht beispielsweise lässt sich nur schwer entscheiden, welches Gesetz nun mehr wert ist. Die exportorientierten Industrien waren am stärksten in der Arbeitsteilung der sozialistischen Staaten eingebunden. Diese erlitten einen bis zum vollständigen Zusammenbruch reichenden Abbau von Produktion und Arbeitsplätzen. Erfolgreich zeigt sich der marktwirtschaftliche Umbau in Branchen wie Landwirtschaft, Nahrungs- und Genussmittel, Baugewerbe, örtliche Dienstleistungsproduktion, die regionale Märkte produzieren.

Im Folgenden soll auf die Determinanten sektoraler Transformationsprozesse eingegangen werden. Diese stellen Faktoren dar, die Verlauf und Ergebnis der Transformation wesentlich beeinflussten: Abweichungen der sektorspezifischen Regelsysteme und Leistungsstrukturen in Ost und West, Angebot- und Nachfragestrukturen, insbesondere der öffentlichen (staatsnahen) und privaten (staatsfernen Sektoren), Abhängigkeit der Sektoren von überregionalen versus lokalen Märkten, Verteilung der Verfügungsrechte auf westdeutsche und ostdeutsche Akteure, die Attraktivität des westdeutschen Vorbilds für Ostdeutschland und das Ausmaß sektoralen und regionalen sozialpolitischen Problemdrucks. Demnach sind kongruente Regelsysteme und kompatible Leistungsstrukturen (wie z.B. Bundesbahn und Reichsbahn) dem Zusammenwachsen ebenso förderlich wie eine hohe Attraktivität des westdeutschen Vorbilds, eine hinreichende politische Steuerbarkeit der Prozesse und die lokale Begrenztheit von Märkten bzw. die Immobilität sektoraler Güter. Je mehr diese Bedingungen gegeben sind, umso rascher und reibungsloser verläuft die Anpassung an westdeutsche Standards. Bei solchen, von unmittelbarem Anpassungsdruck und hoher Handlungsunsicherheit gekennzeichneten Verläufen sind vermutlich langfristige Änderungen der sektoralen Regelsysteme auch in Westdeutschland nicht auszuschließen. So kann es vorkommen, dass im Falle inkongruenter Regelsysteme schnelle Entscheidungen anstehen, weil ein Anpassungsdruck gegeben ist, so z.B. bei der Frage, wem das Stromunternehmen eigentlich gehört. Normalerweise würden die in der damaligen DDR entstandenen, neu gegründeten Stromunternehmen dem Eigentümer nach DDR-Recht gehören. Aufgrund dieser rechtssystematischen Inkongruenz entsteht ein hohes Maß an Handlungsunsicherheit. Nun soll auf die Arbeitsmethode der Wahrheitstafel nach RAGIN hingewiesen werden, mit der man Vergleiche anstellen kann. Diese Arbeitsmethode wird auch als kausalanalytisches Variablenmodell bezeichnet. Durch die Verwendung dieses Modells sollen Fallgruppen herausgefiltert werden, die von speziellen Variablenzusammenhängen geprägt sind. Sie ordnet Fälle nach dem Vorhandensein oder Fehlen von Eigenschaften. Dadurch entstehen bestimmte Fallgruppen. Je staatsnaher, kongruenter und von sozialen Problemen belasteter ein Sektor ist, desto höhere Rangplätze ergeben sich in der Wahrheitstafel (vgl. RAGIN, 1987). Hohe Rangplätze sprechen für eine rasche und reibungslose Eingliederung des Ostsektors. Niedrige Rangplätze sprechen für problematische Transformationsverläufe, die in der Regel mit sektoralen Schrumpfungsprozessen einhergehen. Entscheidende Determinante ist die Marktdynamik. Kritisch bleibt an diesem Modell anzumerken, dass es handlungstheoretische Begründungen entbehrt, also über das Handeln der Akteure gibt dieses Modell keinen näheren Aufschluss. Die Erklärung des Zusammenhanges von ökonomischen Faktoren, institutionellen und interessenpolitischen Determinanten industrieller Transformationsprozesse hat zu berücksichtigen, dass die ökonomische Wettbewerbsfähigkeit eines Wirtschaftszweiges Ausgangspunkt jeder weiteren Entwicklung ist. Wo sie gegeben ist, sind die äußeren Bedingungen der Transformation anders als in Krisenbranchen. Wie im Bankensektor, wo es aufgrund überlegender Eigentums- und Verfügungsrechte kommt es zur raschen Angleichung an das westdeutsche Vorbild. Wo ostdeutsche Verfügungsrechte vorhanden sind wie in der Landwirtschaft, stößt die Übertragung westdeutscher Strukturen an ihre Grenzen der Durchsetzbarkeit. Ist die Wettbewerbsfähigkeit nicht gegeben, also in allen industriellen Problemsektoren, erweisen sich Aspekte der politischen Ökonomie, namentlich sektorale governance Mechanismen und industrielle Leistungsstrukturen als primäre Erklärungsfaktoren. Verfügen diese Sektoren über interventionsfreundliche Strukturen, so kommt es bei entsprechendem Willen der maßgeblichen westdeutschen Akteure zum Erhalt und zum Aufbau von Industrien. Fehlen aber die institutionellen Interventionsvoraussetzungen, der politische Druck oder Wille zum Aufbau, dann setzt ein Prozess der Schrumpfung ein, der durch Marktentwicklung gesteuert wird. Der Hauptertrag dieser Analyse der Transformationsprozesse liegt in dem Umstand, dass man die Transformationsphase nicht über einen Kamm scheren kann sondern dass diese sehr unterschiedlich geartet sind. In Anlehnung an eine Taxonomie von Gerhard LEHMBRUCH können im Zusammenhang mit den Transformationsprozessen folgende Typen unterschieden werden: Die Staatsnähe wird danach dem Typ I zugeordnet. Den Typen II und III sind gemischtwirtschaftliche, von lokaler Nachfrage abhängige oder regional konzentrierte, von sozialen Problemen geplagte Sektoren in bunter Mischung zuzuordnen. Die Sektoren, deren Zukunftsaussichten leidlich sind, weil sie günstigere Marktbedingungen vorfinden, gehören zum Typ II. Zum Typ III gehören die Sektoren, denen großzügige Aufbauhilfen zur Kompensation von Wettbewerbsnachteilen von Seiten des Staates gewährt werden. Beim Typ IV sind die niedrigen Rangplätze zu finden. Zu diesem Typ gehören die marktnahen Sektoren, deren Transformationsverläufe als problematisch angesehen werden, weil diese mit sektoralen Schrumpfungsprozessen einhergehen. Es kann jetzt schon festgehalten werden, dass die Transformation weitgehend nicht gelungen ist, weil ganze Sektoren oder Unternehmen von der Bildfläche verschwanden. Über eine Tabelle, die erklärende Variablen und Sektoren gegenüberstellt, wurde ein Ja-Nein- bzw. Ursache-Wirkung-Schema erstellt. Mit dem kausalanalytischen Variablenmodell – der Wahrheitstafel – kann somit herausgefunden werden, ob Erklärungsvariablen, die man zunächst auf irgendeine Weise festgelegt hat, den „Wahrheitstest" bestehen, ob sie also valide bzw. gültige sind. Wenn die Ergebnisse der Wahrheitstafel den erwarteten entsprechen, hat man also einen Beleg dafür, dass die gewählten Erklärungsvariablen tatsächlich die Vorgänge widerspruchsfrei erklären. Eine andere politikfeldanalytische Herangehensweise im Zusammenhang mit der Vereinigungspolitik liegt darin, die sektoralen Transformationspfade in eine Reihenfolge zu bringen. Bei der Wahrheitstafel wird ja noch nicht entschieden, ob nun eher die Regelungsstruktur, die Marktstruktur, oder anderes entscheidend ist. Bei diesem Schema wird mit Plausibilitäten gearbeitet, um eine bestimmte Rangfolge herauszufinden, d.h. man stellt Überlegungen an, die nichts beweisen, aber die gefundenen Ergebnisse noch detaillierter erklären können. Aus dem Schaubild über die sektoralen Transformationspfade im Vergleich (vgl. CZADA) geht zunächst hervor, dass die Marktstruktur entscheidend war. Wenn also Unternehmen bzw. zu transformierende Unternehmen ökonomisch überlebensfähig (marktnah) waren, dann kam die zweite Stufe, nämlich die Rechts- /Regelungsstruktur bzw. die Struktur der Institutionen ins Spiel. Wenn dazu noch die Verfügungs- und Eigentumsrechte im Osten klar waren, also nicht noch verschiedene Verträge existierten, dann konnte eine eigenständige Transformation z.B. der Landwirtschaft (LPG; d.h. alle Angestellten werden Eigentümer ihrer LPG) stattfinden. Im Bereich des Handels und der Banken waren die Eigentums- und Verfügungsrechte schwach ausgeprägt, die Angestellten der Banken waren Eigentümer dieser Geldinstitute, und deshalb kam es zur Übernahme durch westliche Investoren. War die Marktstruktur der zu transformierenden Unternehmen ungünstig, so wurden auf zweiter Stufe die politischen Interventionsbedingungen entscheidend. Auch hier handelt es sich immer um Recht, d.h. um irgendwelche Regelungen bzw. Regelungsstrukturen. Deshalb gehört die Frage der politischen Interventionsmöglichkeit und die der Eigentums- und Verfügungsrechte auf eine Stufe. Zunächst existierten rechtliche Regelungen, die die Möglichkeit vorsahen, politisch einzugreifen. Dann kam es darauf an, inwieweit die verantwortlichen politischen Akteure wollten, dass bestimmte Unternehmen weiter bestehen oder nicht – dies stellt die dritte Stufe der Varibalenkaskade dar: nach der Marktstruktur und der Struktur politischer Institutionen (Verfügungs- und Eigentumsrechte einerseits, politische Interventionsbedingungen andererseits) entscheidet die Wertestruktur (die politischen Interessen bzw. Wertzuweisungen) über den Transformationspfad. Im Fall der Werften oder in der Stahlindustrie entschieden sich die politischen Akteure diese zu erhalten, und bezüglich des Kalibergbaus haben sich diese für den Abbau entschieden, bzw. dieser wurde von westlichen Unternehmen übernommen. Wenn keine Möglichkeit des Staates bestand, zu intervenieren, dann wurden eben auch Wirtschaftszweige abgebaut, wie z.B. beim Maschinenbau.

Wie schon erwähnt, kann man den Transformationsverlauf nicht über einen Kamm scheren, sondern man kann durchaus verschiedene Kriterien aufstellen, um zu ergründen, wo es zu einer guten Transformation gekommen ist und warum sich in anderen Wirtschaftssektoren die Transformation schwierig gestaltet hat, bzw. warum es in diesen teilweise sogar zu einem Abbruch gekommen ist.

Im nun folgenden Abschnitt geht es um die politikberatende Tätigkeit der Treuhandanstalt. Schon im theoretisch-methodischen Teil wurde schon darauf hingewiesen, dass Politikberatung ein Strang der Politikfeldanalyse ist, der seine Wurzeln in dem think-tank-Modell der USA hat. Die Hauptfrage ist dabei nicht, ob es gerechtfertigt ist, so oder so zu handeln, sondern das Haupterkenntnisinteresse in diesem Modell ist die Frage, wie ein bestimmtes Ziel verwirklicht werden kann. Genau dieses Modell wird jetzt auf die Tätigkeit der Treuhandanstalt angewandt. Es wird also nur noch gefragt, wie gelingt es der Organisation Treuhand etwas zu verwirklichen, ohne sich um irgendwelche normativen Aspekte zu kümmern. Das konkrete Politikfeld, das hier beispielhaft herangezogen werden soll, ist die Rückübertragung von Eigentum an öffentliche Hände; in der DDR war das Eigentum eigentlich kaum ausgeprägt, weil sich alles Staatseigentum befand. Diesen Zustand galt es so schnell wie möglich zu verändern In der Weise, damit ein künftiger Eigentümer auch investieren konnte. Die Treuhand hatte zum einen nach Zweckmäßigkeitsüberlegungen zu entscheiden und zum anderen nach bestehenden Rechten. Die Treuhandanstalt musste also abwägen, wie bestimmte Entscheidungen zur Vergabe oder zur Zuordnung von Vermögen   bestehenden Regeln (Rechtsstruktur) in Einklang zu bringen sind und wie zweckmäßig es aus ökonomischer Sichtweise ist, lange juristische Prozesse abzuwarten, bis sich einige mögliche Eigentümer darüber geeinigt haben, wer denn z.B. den eigentlichen Anspruch auf ein Grundstück hat. So hat sich die Treuhandanstalt für den Weg entschieden, schnell Entscheidungen herbeizuführen, die vielleicht nicht ganz korrekt waren, aber sie sorgte vielleicht dadurch im Nachhinein dafür, dass viele Investitionen aufgrund so geschaffener Fakten erst ermöglicht wurden. Das ist der Analyserahmen, den man zur Beurteilung der Tätigkeit der Treuhandanstalt im Rahmen des zweckrational beratungsorientierten Modells (think tank model) anlegen kann.

Was den Konflikt der Regelsysteme angeht, muss noch mal besonders hervorgehoben werden, dass teilweise parallele Gesetzgebung existierte. Da wurden Gesetze noch in der DDR geschaffen und gleichzeitig galten neue Gesetze aus der alten Bundesrepublik, bzw. aus Westdeutschland. So ist letztlich nicht mehr entscheidbar gewesen, welches Gesetz nun Gültigkeit hat. Damit ist also ein Konflikt der Regelstruktur bzw. des Regelsystems angesprochen. Weil es diesen Konflikt der Regelsysteme gab und der auch letztlich nicht entscheidbar war, konnte sich daraus ein Konflikt der Interessen entwickeln. Dieser war allerdings immer schon vorhanden. Wenn man diesen Interessenkonflikt nicht lösen kann, dann hat man sich den Ablauf so vorzustellen: Zunächst existieren widersprüchliche Regelsysteme, dann sind langfristige interessenbedingte Konflikte zu lösen, teilweise durch gerichtliche Prozesse, teilweise durch irgendwelche anderen Mechanismen (z.B. Kungeleien), die in erster Linie Zeit kosten, bei hohem Problemdruck, und es kann nicht mal garantiert werden, dass damit dann eine optimale Lösung geschaffen werden kann. Es könnte z.B. auch sein, dass der Akteur, den Interessenkonflikt löste, der das größte Machtpotenzial hatte und die Konfliktlösung daher zu seinen Gunsten beeinflussen konnte. Dieser Akteur könnte beispielsweise die besten Möglichkeiten haben, eine Befürworter-Koalition zu bilden, was nicht unbedingt die beste Lösung sein muss. Die bloße Austragung von Interessenkonflikten spricht nicht unbedingt für eine bessere oder optimale Lösung. Von daher hat man versucht das umzugehen, indem man informelle Lösungen präferierte, die auf jeden Fall ein bestimmtes Ergebnis herbeiführten, wenn auch die Regeln, die zur Lösung eines Konfliktes notwendig sind, mit Füßen getreten wurden und in Wirklichkeit der Interessenkonflikt erst mal nicht ausgetragen wurde. Man hat informelle Kompromisse letztendlich vorgezogen. Jetzt kann natürlich auch die Frage gestellt werden, warum die Akteure so vorgegangen sind. Die Akteure haben gemeinsam einen hohen Problemdruck wahrgenommen, d.h. sie beabsichtigen damit auch, die Transformation so schnell wie möglich zu vollziehen. Bei allen Beteiligten hat sich die Einsicht durchgesetzt, dass wenn man nichts tut, die Kosten letztendlich volkswirtschaftlich höher sind, als wenn man etwas tut. Man hat, indem man sich kompromissbereiter gibt, sich erhofft, diese für alle denkbar ungewohnten Situationen doch irgendwie schneller beherrschen zu können oder besser beherrschen zu können. Dieser soeben beschriebene Zusammenhang lässt sich den Überschriften „Informalität und Kompromiss" sowie „Kooperativer Staat" zuordnen. Die Argumente, die soeben genannt wurden, waren eher akteurspezifische, weil sie auf dem Handeln der Akteure beruhen. Die letztgenannte Begrifflichkeit des „Kooperativen Staates" ist ein strukturelles Argument, denn im politischen System der Bundesrepublik ist eben alles verflochten (also Bundestag, Kommunen, Bundesrat etc.). Die Erzielung informeller Kompromisse beinhaltete praktisch, dass Interessenkonflikte nicht ausgetragen wurden In diesem Zusammenhang soll noch mal auf die folgende These CZADAs verwiesen werden: Institutionen müssen nicht unbedingt geändert werden, solange diese umgangen werden können. Wenn man Institutionen schlichtweg umgehen bzw. aushebeln kann, ist das insofern zweckmäßig, als man kurzfristig dem Konfliktfall ausweichen kann, man kann also eine Lösung herbeiführen, aber diese Lösung ist immer mit Vorbehalt zu sehen, weil letztlich dieser bestehende Konflikt nicht ausgetragen worden ist.

Der vorletzte Teil der Politikfeldanalyse beschäftigt sich mit der Problematik der Deutungskonflikte im Rahmen von Politikverflechtung und Interorganisationslernen. Vorab ist festzustellen, dass die Steuerungsadressaten ziemlich eigensinnig sind – „eigensinnig" soll dabei heißen, dass die Akteure mit jeweils eigenen Zielsetzungen auf je eigene Weise an politische Probleme herangehen. Wenn man die Steuerungsadressaten und die Steuerungsinstanzen miteinander vergleicht, so wird erkennbar, dass die politischen Steuerungsadressaten sehr viel eigensinniger sind als die Steuerungsinstanz, weil diese mit einem ganz anderen Problemausschnitt befasst sind. Auch die Situationen bei den Aufgabenfeldern vor Ort stellen sich z.B. auch immer anders dar als die Sichtweise der Regierung zu einem bestimmten Problem. Bei allen an einer politischen Problemlösung Beteiligten ist zwar eine grundsätzlich identische Zielsetzung zu vermerken, aber trotzdem tun sich irgendwelche Deutungswiderstände aufgrund unterschiedlicher Umweltinformationen und der damit verbundenen Wirklichkeitsdeutungen auf. Der Steuerungsadressat und die Steuerungsinstanz haben jeweils eigene Umweltinformationen mit je eigenen Wirklichkeitsdeutungen. Vor diesem Hintergrund erweist sich die staatliche Intervention sehr schwierig, weil die Steuerungsadressaten zum Teil auch einen Informationsvorsprung besitzen, d.h. der Wissensumfang der Steuerungsadressaten ist größer als der der politischen Entscheidungsträger. Deswegen sinken die Chancen steuernder Intervention. Nach diesen Befunden könnte man zu dem Schluss kommen, dass es zweckmäßig erscheint, dass die jeweiligen Akteure jeweils ihre eigenen Problemlösungen formulieren und um- bzw. durchsetzen. Eine derartige Einstellung birgt aber nicht unbeträchtliche Risiken: Wenn jedes Akteurssystem für sich seine eigenen Problemlösungen schafft, dann wird dadurch die kollektive Problembewältigung geschwächt, weil die Problemlösungen der verschiedenen Akteurssysteme nicht aufeinander abgestimmt sind. Dadurch werden mithin wachsende Koordinationsprobleme, Schwächung sozialer Bindungen, drohender Wohlfahrtsverlust verursacht, und natürlich geht auch die Berechenbarkeit der sozialen Ordnung verloren. In diesem Abschnitt geht es daher um die Kernfrage, inwieweit überhaupt eine koordinierte Anpassung an veränderte Problemlagen möglich war, was anhand der Beispiele der Vereinigungspolitik aufgerollt werden soll. Dabei ist schon mal vorab auf die Spannung zwischen der Entdeckung und der Erprobung neuer Problemlösungen vor Ort und dem Erhalt zentraler Regelungskompetenzen in etablierten Regelsystemen hinzuweisen. Daraus ergibt sich ein Zielkonflikt, einmal die erfolgversprechenden Handlungsalternativen, die dann auch die Beziehungsstrukturen verändern, was Regelabweichungen voraussetzt, und auf der anderen Seite die Bewahrung institutioneller Struktur, was natürlich die Berechenbarkeit sozialer Ordnung garantiert aber zugleich auch adäquate Problemlösungen einschränkt. Im Anschluss an diese eher einleitenden Bemerkungen soll eine theoretische Prozessanalyse erfolgen. Der in den Vordergrund dieses Abschnitts zu rückende Aspekt sind die drei den politischen Akteuren zur Verfügung stehenden Möglichkeiten auf neue Herausforderungen zu reagieren. Als erste Möglichkeit ist das Modell von HEINER (1983) zu nennen, das man auch das Theorem von der Kompetenz-Schwierigkeitslücke bezeichnet. Auszugehen ist zunächst mal von einer problematischen politischen Situation, die auch folgendes Situationsmerkmal aufweist, nämlich die die Kapazitäten eines einzelnen Akteurs zur Optimierung seines Handelns überragende Schwierigkeit neu auftretender Probleme, d.h. die neu auftretenden Problemlagen überschreiten die Kapazitäten eines einzelnen Akteurs zur Optimierung seines Handelns. Dieses soeben beschriebene Theorem lässt sich kurz gesagt mit der Diskrepanz zwischen hoher politischer Anforderung und geringem Können der politischen Akteure zusammenfassen. Aus dieser Diskrepanz entwickelt sich folgendes politisches Problemlösungsverhalten: das Festhalten an vertrauten Handlungsprogrammen, genauer gesagt, herkömmlichen Situationsdeutungen, politischen Instrumenten. Also ein vorhersagbares, regelgebundenes, folglich auch sozial koordiniertes Verhalten als Folge von Entscheidungsunsicherheiten und ambivalenten Erfolgsbedingungen lässt sich beobachten. (So heißt auch der von CZADA zitierte Aufsatz HEINERs „The origin of predictable behavior", also übersetzt, „Der Ursprung vorhersagbaren Verhaltens"; kleine Anmerkung am Rande). Ein solches Problemlösungsverhalten wurde in der ersten Phase der Vereinigungspolitik an den Tag gelegt. Ganz konkret wurde also in der ersten Phase versucht, das westdeutsche Modell bzw. die Institutionen einfach auf den Osten zu übertragen. Die Schwierigkeiten einer solchen Problemlösungsstrategie wurden sehr bald offensichtlich. Deshalb wurden stückweise die übertragenen Institutionen an neue Gegebenheiten angepasst, indem Althergebrachtes in neue Kontexte verpflanzt wurde. Die zweite Möglichkeit auf neue Herausforderungen zu reagieren ist wie folgt zu beschreiben: Einzelne Entscheidungsträger stellen fest, dass das Modell, das sie sich von der Welt gemacht haben, falsch ist. Als Reaktion auf diese Einsicht verändert dieser Entscheidungsträger seine Politik, indem dieser von althergebrachten Problemlösungsmustern abrückt und individuelle Handlungsprogramme erstellt, ohne die sozialen Regelsysteme anzupassen. Dieses Verhalten zeigt bestimmte Auswirkungen: Die Geltung kollektiver Regeln in Umbruchsituationen würde leicht beschädigt. Dadurch würden die etablierten Kooperationsbeziehungen belastet durch einseitige Lerneffekte bzw. auch durch unterschiedliche Lernfortschritte bzw. Anpassungserfolge, und dadurch käme es zu Wettbewerbsverzerrungen im Akteurssystem, weil die Ausprägung der Lernfortschritte bei den einzelnen Akteuren unterschiedlich ausfiele und dadurch würde dann die institutionelle Stabilität gestört, und die Chance einer gleichen bzw. eingespielten Interessenberücksichtigung würde verspielt. Zusammengefasst lässt sich diese Möglichkeit mit dem Begriff des individuellen Erfahrungslernens umschreiben. Das bedeutet, dass einzelne Akteure sich auf neue Problemlagen einstellen. Auf der einen Seite entstehen dadurch rasche Lernerfolge und Anpassungsleistungen, auf der anderen Seite bedeutet das individuelle Erfahrungslernen ein isoliertes Reagieren unmittelbar auf veränderte Anforderungen der Problemumwelt sowie der Verlust des institutionellen Gleichgewichts. Das zu ziehende Fazit aus den beiden beschriebenen Möglichkeiten stellt im Grunde genommen den Ausgangspunkt für die dritte Möglichkeit dar, auf neue Herausforderungen zu reagieren. Um wirklich Problemlagen wirksam entgegentreten zu können, ist als wichtige Voraussetzung, die gemeinsame Lernfähigkeit der maßgeblichen Akteure zu nennen. Es ist dem Gemeinwohl nicht zuträglich, wenn einzelne Akteure aus der einen oder anderen falschen Politik etwas lernen, und die anderen Akteure betreiben immer noch die gleiche Politik. Es müssen alle an einem Strang ziehen und eine gemeinsame Lernfähigkeit entwickeln. Mit anderen Worten, der politische Erfolg kann nur durch kooperative Problemlösungen garantiert werden. Das Vorgehen bei der dritten Möglichkeit liegt in der koordinierten Anpassung der betroffenen und bereichsspezifischen relevanten Akteure an eine neue Problemlage. Gelingen kann dieses Vorgehen nur, wenn einzelne Akteure auf jeweils eigenständige Problemlösungsversuche verzichten und statt dessen neue kollektive Situationsdeutungen und gemeinsame Problemlösungen herausgebildet werden. Dieses Bestreben bedingt, dass die maßgeblichen Akteure voreilige Entscheidungen vermeiden und dass diese Akteure auf die Optimierung ihrer eigenen Handlungsprogramme bis zur Vorlage gemeinschaftsverträglicher Alternativen verzichten. Als Nachteil eines solchen Verhaltens müssen die Anpassungsverzögerungen für die jeweils Beteiligten und für das Gesamtsystem gesehen werden. Der Vorteil eines solchen Verhaltensmusters liegt zweifellos in dem größtmöglichen Erhalt der Integrität des Akteurssystems mit allen damit verbundenen Folgen für künftige kollektive Handlungsfähigkeit desselben. So kann dann auch institutionelles Lernen entstehen. Darunter versteht man eine Problembearbeitung, in deren Zusammenhang Regelanpassungen aufgrund veränderter, aber im Gegensatz zur zweiten Möglichkeit gemeinsam erstellter Situationsdeutungen vorgenommen werden. Es sollte nun noch auf die Hauptthese eingegangen werden, die die oben beschriebenen Möglichkeiten auf einen Nenner bringen kann. Aus der Beschreibung dieser drei Möglichkeiten könnte der Schluss gezogen werden, dass politische Probleme am besten über kooperative Politik gelöst werden kann, wobei es sich bei vielen Lösungen um eher informale handeln kann, deren demokratische Legitimation zwar eher fragwürdig ist, aber durch die politische Probleme relativ rasch einer politischen Lösung zugeführt werden können. Im Rahmen der dritten Möglichkeit können folgende Entscheidungsoptionen beschrieben werden: Entweder man kommt zu einer ganz neuen Situationsdeutung, die besagt, dass man Institutionen verändern muss oder sogar auflösen muss und neue etablieren muss, eine andere Möglichkeit liegt zwar in der Anerkennung der Institutionen, aber diese können die anstehenden Probleme nicht lösen. In der Vereinigungspolitik hat man sich zwar so weit wie möglich gemeinsam geeinigt, es wurde also nichts Neues geschaffen, sondern die alten Institutionen wurden beibehalten, aber sie wurden je nach gedeuteter Situation nicht beachtet. Im Grunde genommen wurde die oben beschriebene dritte Möglichkeit, auf neue Herausforderungen zu reagieren, nicht vollständig praktiziert. Die jeweils Beteiligten haben zwar eine gemeinsame Situationsdeutung gefunden und sind zu einer gemeinsamen Lernfähigkeit gekommen, aber es wurde nicht etwas ganz Neues geschaffen. Also die Akteure haben eben nicht eine Vielzahl von westdeutschen Gesetzen geändert, weil bei diesen die Einsicht reifte, dass neue Regelungen gefunden werden mussten, sondern es wurden einfach bestimmte westdeutsche Gesetze nicht beachtet. Zusammenfassend sollen noch mal die individuellen Lernprozesse hervorgehoben werden. Durch individuelle Lernprozesse entstehen Informationsvorsprünge und damit Wettbewerbsverzerrungen. Ein Akteur kann z.B. seine Erfahrungen optimal für seine Situation einsetzen, und andere Akteure sind eben dazu nicht in der Lage, was für das Gesamtsystem, also die Gesamtheit aller Akteure, nicht optimal ist. Besser wäre es für das Gesamtsystem, wenn alle Akteure von den Erfahrungen einzelner Akteure profitieren könnten. Diese für das Gesamtsystem wünschenswerte Situation setzt bestimmte Einstellungen auf Akteursseite voraus. Dabei ist zu unterscheiden zwischen Individuen, also bestimmten Entscheidungsträgern, und Institutionen. Auf der Seite der Institutionen könnte z.B. das unerwünschte Verhaltensmuster vorherrschen, dass eine Behörde einer anderen bestimmte Informationen vorenthält bzw. nicht zur Verfügung stellt, obwohl diese eine Behörde die Informationen hat. Was den Informationsvorsprung einzelner Akteure anbetrifft, so sollte noch mal betont werden, dass es sich bei allen Akteuren im Rahmen der zweiten Möglichkeit um rationale Nutzenmaximierer handelt, die sich durch einen Informationsvorsprung in eine vorteilhafte Position bringen können, aber für das Gesamtsystem sind natürlich so keine optimalen Problemlösungen zu schaffen. Im Rahmen der dritten Möglichkeit verstehen sich die Individuen als Teil einer Gemeinschaft, die

Informationen oder Erfahrungen weitergeben, was sozusagen einen höheren Informationsstand für das Gesamtsystem bewirkt und damit eben eine optimale Lösung für alle Mitglieder des Gesamtsystems bietet. Des Weiteren sollte noch beschrieben werden, warum es gelungen ist, im Zuge der Vereinigungspolitik, kooperative Lernprozesse in Gang zu setzen. Die beteiligten Akteure waren schon auf den Erhalt des Gesamtsystems bedacht. Durch die Kooperation der maßgeblichen Akteure in den Netzwerken der Vereinigungs- und Transformationspolitik konnte die sachliche und strategische Unsicherheit mit neuartigen Problemen umzugehen, überwunden werden. Diese Netzwerke dienten also letztlich dazu eine gewisse Entlastung im Hinblick auf diese Unsicherheiten herbeizuführen. Zu klären bleibt noch, warum es wahrscheinlich war, dass diese Netzwerke entstanden sind. Wie bereits erwähnt, waren alle Akteure am Erhalt eines Gesamtsystems interessiert. Unter sachlicher Unsicherheit versteht man mangelnde Sachkompetenz einzelner Akteure, die durch Kooperation der in einer bestimmten Sache inkompetenten Akteure mit anderen Akteuren, die bezüglich eines bestimmten Gegenstandes über mehr Wissen verfügen, ausgeglichen werden kann. Mit strategischer Unsicherheit ist ein Mangel an Handlungswissen gemeint, d.h. das Fehlen der Idee eines „Schlachtplans" zur Bewältigung eines politischen Problems, gemeint. Der Aspekt der sachlichen Unsicherheit bezieht sich auf die Frage, inwieweit überhaupt irgendwelche Maßnahmen wirken bzw. ob Maßnahmen überhaupt in irgendeiner Weise effektiv sein können. Die strategische Unsicherheit bezieht sich auf die Frage, ob Akteure wissen, inwieweit etwas funktioniert, ob gewählte Mittel also mehr oder weniger effizient sind. Strategische Unsicherheit meint also das Nichtwissen um die besseren Methoden, wie ein bestimmtes Ziel erreicht werden kann. „Wenn sachliche Unsicherheit im Akteurssystem ansteigt" (CZADA, 1997), dann ist das kooperative Lernen wahrscheinlich. Sachliche Unsicherheit bedeutet also, bezogen auch auf die Vereinigungspolitik, dass die politischen Akteure nicht wussten, wie sich die Situation im Beitrittsgebiet weiter entwickeln würde und wie die Transformation tatsächlich zu bewerkstelligen war. Dieses Wissen war bei allen beteiligten Akteuren mehr oder weniger nicht vorhanden. Da für alle Akteure diese Situation neu war, war ein hohes Maß an gleich verteilter Unsicherheit zu verzeichnen. Dies war ein Faktor dafür, dass Lernprozesse wahrscheinlich wurden, weil alle beteiligten Akteure am Gewinn dieser Transformation interessiert waren. Alle Akteure hatten ein Interesse daran, dass diese Transformation geschafft wird. Eine dritte Erklärung liegt in der starken Interdependenz: die einzelnen Akteure wussten, dass sie alleine die Probleme nicht würden bewältigen können. Die einzelnen Akteure erkannten, dass die von ihnen eingeleiteten Maßnahmen das Problem nicht in hinreichendem Maße bewältigen konnten oder nur begrenzt etwas im positiven Sinne zur Lösung des Problems bewirken konnten und somit auf Kooperation angewiesen waren. Ein noch zu nennender Grund für die Entstehung derartiger Netzwerke liegt in den herkömmlich kooperativen Einstellungen der Akteure. Diese Einstellungen sind zum Teil erklärbar durch bestimmte Biographien. Es waren also meistens die Manager aus dem Westen, die diese Einstellungen in das Beitrittsgebiet mitbrachten. So kamen die Mitarbeiter der Treuhand, die Entscheidungen treffen konnten, zumeist aus dem Westen. Diese Tatsachen sind schließlich dafür verantwortlich zu machen, dass es zu kooperativen Lernprozessen in der Vereinigungspolitik gekommen ist.

Abschießend soll nun noch eine Herangehensweise bzw. ein Modell vorgestellt werden, die bzw. das dazu genutzt werden kann, zumindest einen Ausschnitt aus dem Vereinigungsprozess zu erklären. Gemeint ist das Governance-Modell. Zunächst ist der Begriff „governance" wie folgt zu definieren: Es ist die institutionelle Koordination von Austauschbeziehungen, die CZADA unter den Begriff Lenkungsstruktur fasst. Allgemeiner ausgedrückt könnte man diese Definition auch dem Begriff Lenkungsformen zuordnen. Es geht also letztendlich darum, welche Polity existierte und inwieweit sie geeignet war, bestimmte wünschenswerte oder gewünschte Transformationseffekte zu erreichen. Bei den gewünschten Effekten kommt es wie immer auf die Perspektive an: Da wäre zunächst mal die Herangehensweise der Ökonomie, also die wirtschaftswissenschaftliche Sichtweise, zu nennen. Bei dieser Sichtweise spielt das Kriterium der Effizienz eine große Rolle. Diese fragt danach, inwieweit eine bestimmte Lenkungsstruktur geeignet ist, effiziente Verteilungswirkungen (Allokationswirkungen) zu erreichen. Eine besondere Rolle spielen dabei auch Verfügungs- und Eigentumsrechte. In der Politikwissenschaft wird aus einer anderen Perspektive die Lenkungsstruktur betrachtet. Das Erkenntnisinteresse konzentriert sich hierbei auf die Frage, inwieweit solche Austauschbeziehungen, solche polities, veränderbar sind; also die Geschichtlichkeit von Austauschbeziehungen steht hier im Mittelpunkt des Erkenntnisinteresses. Zu erwähnen ist im Zusammenhang mit der politikwissenschaftlichen Perspektive ein noch existierender, klassisch empirischanalytischer Ansatz, der es bei der Beschreibung belässt. Darüber hinaus gehen würden, auf die drei Grundrichtungen der Politikwissenschaft bezogen, die normativen Ontologen wie auch die kritischen Theoretiker, die sich mit der Beschreibung nicht begnügen würden, sondern zusätzlich auch den wünschenswerten Zustand darlegen würden. Im Rahmen des moderneren bzw. fortentwickelten empirisch-analytischen Ansatzes hat sich das Programm des Neo-Institutionalismus herausgebildet. Die Vorgehensweise in diesem Ansatz liegt in der Betrachtung und Beschreibung geschichtlich vorhandener verfestigter Koordinationsmuster (Institutionen). Institutionen sind – wie schon in einigen Abschnitten zuvor dargelegt – verfestigte Koordinations- oder Austauschmuster; diese Institutionen können aber auch Werte, Wissen und Identitäten beinhalten. Das Vorhandensein oder Nichtvorhandensein von diesen Institutionen oder auch von Steuerungsmedien eröffnet bzw. versperrt bestimmte Entwicklungspfade bzw. macht das Beschreiten bestimmter Entwicklungspfade mehr oder weniger wahrscheinlich oder günstig. Nach diesen eher abstrakt-theoretischen Ausführungen sind diese am Beispiel der Vereinigungstransformation bzw. des Vereinigungsprozesses zu illustrieren. Das erste Problem, was in diesem Zusammenhang angesprochen werden muss, ist eine Gemengelage einerseits aus Transformation und andererseits aus Vereinigung. Transformation in diesem Zusammenhang bedeutet dann, das Erstellen einer problemangemessenen Lenkungsstruktur, also einer angemessenen Governance. Vereinigung in diesem Zusammenhang meint aber etwas anderes. Es wurde auch verschiedentlich von Beitritt gesprochen und damit wurde letztendlich die Ausdehnung der Institutionen und Lenkungsstrukturen der Bundesrepublik Deutschland auf den Osten (die frühere DDR) und dazu die Tabuisierung von Diskussionen (Diskursen) gemeint, die dazu hätte führen können, dass bestimmte Institutionen oder Lenkungsstrukturen der BRD delegitimiert werden können. Das bis hierhin Beschriebene stellt schon mal die grundsätzliche Problematik dar, nämlich die nicht mögliche Trennung der beiden Aspekte Transformation und Vereinigung. Wenn man diese Unterscheidung von Transformation und Entwicklung auf den Aufbau Ost bezieht, lassen sich verschiedene Problempunkte ausmachen, erstens die Tätigkeit der Treuhand als Transformationsagentur, zweitens das Unvermögen der neuen Länder in der Wirtschaftsstrukturpolitik; sie verfügten nicht über das nötige Wissen und die Erfahrung und hatten teilweise eben auch andere Werte oder Identitäten, und drittens, die Nichtübertragbarkeit traditioneller Konfliktregelungsmuster zwischen

Gewerkschaften und Arbeitgebern auf den Osten. Diese drei Problembereiche führen natürlich zu governance-problems, also das Problem des Findens der angemessenen Lenkungsstruktur. Zwei weitere Problembereiche, die noch kurz genannt werden sollen, welche als Folgen der ersten drei genannten Problempunkte begriffen werden können: 1. Das Bestehen eines zweiten Arbeitsmarktes im Gefolge einer Krise der Industrietransformation, d.h. eine geeignete Governance fehlte und dadurch konnte überhaupt ein zweiter Arbeitsmarkt entstehen. 2. Dadurch, dass der Staat nur begrenzte finanzielle Mittel zur Verfügung hat, hatte auch seine Interventionsmöglichkeit Grenzen. Der Staat konnte schlicht weg nicht für alles sorgen. Diese verschiedenen Problemkomplexe sollen nun etwas detaillierter beschrieben werden. Dabei ist zunächst auf die Rolle der Treuhandanstalt einzugehen. Da wurden z.B. Kombinate nicht umgewandelt in Aktiengesellschaften, was theoretisch eine Möglichkeit gewesen wäre, was zum einen daran lag, dass man Konkurrenten befürchtet hat. Diese Befürchtung ist das Resultat einer Problemdeutung der beteiligten westdeutschen Akteure. Zum anderen waren Ostseilschaften unerwünscht: dahinter steckt natürlich ein politisches Interesse. Man wollte nicht, dass sich die alten Strukturen aus SED und Verwaltungsspitzen wiederbildeten. Zu dem zweiten Komplex des Unvermögens der neuen Bundesländer, der oben schon genannt wurde, muss folgendes festgestellt werden: Es ist zwar einerseits den Ländern ermöglicht worden, an den Entscheidungen der Treuhand mitzuwirken, aber das eben nur eingeschränkt. Die Treuhandanstalt hat den Ländern nur Verfügungsrechte/Eigentumsrechte an Gütern zugestehen wollen, wenn diese sich an der Finanzierung beteiligen. Die Kapitaldecke der neuen Länder war aber schlecht ausgestattet. Da wurden die neuen Länder durchaus benachteiligt durch die institutionellen Regelungen oder die Lenkungsstruktur, die die Treuhand durchgesetzt hat. Der dritte Problemkreis, der angesprochen worden ist, liegt in der Unterschiedlichkeit der Konfliktlösungsprozesse zwischen Arbeitgebern und Arbeitnehmern in West- und Ostdeutschland. In Westdeutschland, also in der BRD, existiert ein Korporatismus Coworkeohaften/Arbeitgeber haben Tarifautonomie und finden gemeinsame Lösungen. In Ostdeutschland existierte eine solche Form von Korporatismus eben nicht; die Gewerkschaften hatten nur formal ihre Existenzberechtigung, weil sie letztlich in den Staat der damaligen DDR eingebunden waren. Als nun die neuen Bundesländer beigetreten waren, gab es eine Welle von Austritten aus den Arbeitgeber- und Arbeitnehmerverbänden, die damals noch

51

entweder weiter existierten oder übernommen worden sind von den westdeutschen. Es wurde zudem direkte staatliche Intervention z.b. durch die Treuhand oder durch andere Gebietskörperschaften oder durch den Bund praktiziert. Es ist auch auf das Problem hinzuweisen, dass bestimmte ausländische Großinvestoren aufgetreten sind, die überhaupt nicht in die Konfliktregelungsstrukturen eingebunden waren (z.b. Elf Aquitaine; der französische Großkonzern, der die Raffinerien in Leuna übernommen hat). Das heißt, auch dort waren unterschiedliche Lenkungsstrukturen zu beobachten, bzw. es mangelte an anderen angemessenen Lenkungsstrukturen.

Somit ist zu erklären, warum bestimmte Transformationsprozesse so verlaufen sind, wie sie auch in den vorherigen Abschnitten detaillierter geschildert worden sind. Es wurde also beschrieben, warum manche Industriebetriebe sehr gut transformiert werden konnten und warum andere nicht transformiert werden konnten. (Lernprozesse spielen im governance-model keine große Rolle: sie helfen höchstens erklären, warum es zu Institutionenwandel kommt, hauptsächlich geht es jedoch darum, die Bedingtheit von Entwicklungen durch vorhandene bzw. fehlende Lenkungsformen zu erklären). Die Ursachen für diese vereinigungs- und transformationspolitischen Ergebnisse liegen nach diesem Ansatz in der Existenz bzw. Nichtexistenz geeigneter Lenkungsstrukturen, also im Fehlen oder Vorhandensein einer geeigneten Governance.